AF252369

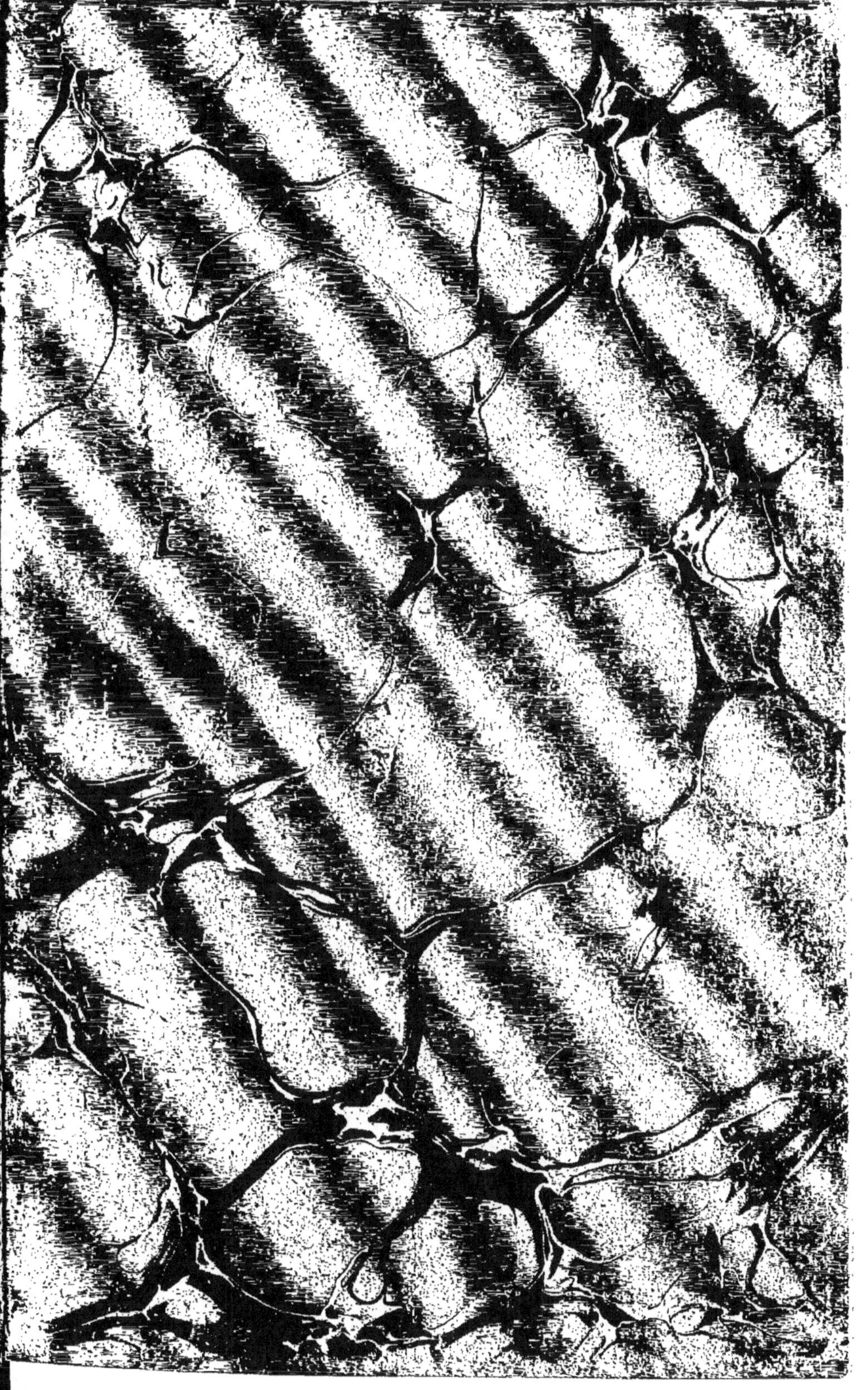

LES

RECETTES DE FAMILLE

A LA MÊME LIBRAIRIE

Veillées amusantes, par Loizeau du Bizot. 1 vol. in-12. . . . . 2 »

Problèmes et jeux d'esprit, par M. Meunier. 1 vol. in-12. . . . . 3 »

Le jardin potager et la basse-cour du curé et de l'instituteur rural, par Aug. Sarti. 1 vol. in-12 . . . . 2 »

Arboriculture fruitière, par Gillet-Damitte. 1 vol. in-12. . . . . » 30

Petit manuel d'olériculture, culture des légumes dans les petits jardins. 1 vol. in-12. » 30

Notions d'agriculture théorique et pratique. par Mazure. 1 vol. in-12 avec figures. . . . . 1 »

Éléments de chimie apliqués à l'agriculture, à l'économie domestique et à l'industrie, par Mazure. 1 vol. in-12 avec figures . . . . . 3 »

Éléments d'histoire naturelle, par Louis Gossin. 1 vol. in-12 avec nombreuses figures . . . 2 »

Éléments de physique et de mécanique, avec applications à l'agriculture et à l'industrie, par Louis Gossin. 1 vol. in-12 . . . . 1 50

Pour recevoir chacun de ces ouvrages franco, il suffit d'en envoyer le prix à M. H. Gautier, éditeur, 55, quai des Grands-Augustins, à Paris.

ANGERS, IMP. A. BURDIN ET Cie, RUE GARNIER, 4.

LES
RECETTES
DE FAMILLE

FORMULES ET CONSEILS PRATIQUES

A L'USAGE DES MÉNAGES

AVEC UNE TABLE ANALYTIQUE

PAR

M. LE PRIEUR

LIBRAIRIE BLÉRIOT

HENRI GAUTIER, SUCCESSEUR

55, QUAI DES GRANDS-AUGUSTINS, 55

PARIS

PRÉFACE

Le titre de ce volume indique que les recettes qu'il contient, formules ou conseils, s'adressent principalement aux familles, mais elles ne seront pas moins utiles à ceux près de qui l'on a coutume, dans les campagnes, d'aller chercher un bon conconseil ; tels sont, par exemples, les ecclésiastiques ou les instituteurs. Ces recettes ne seront pas moins précieuses dans les châteaux et les habitations éloignées des centres de population : fermes, fabriques, etc.

Nous avons établi cinq divisions dans notre travail, afin de faciliter les recherches, indépendamment de la table que l'on a placée à la fin du volume.

Dans le premier chapitre on trouvera les recettes ou les conseils relatifs à l'hygiène ou à la santé. Sans empiéter sur le rôle du médecin, il est bon de connaître les règles de l'hygiène, qui prévient les maladies, et, lorsque la santé est altérée, en attendant l'arrivée du médecin, de pouvoir, avec connaissance de cause, donner les soins ou administrer les remèdes nécessaires.

« Si l'on suivait les règles de l'hygiène et si l'on nous appelait à temps, lorsque l'équilibre de la santé est rompu, a dit un grand médecin, il n'y aurait presque jamais d'issue fatale aux maladies et la durée de la vie serait notablement accrue. »

Nous ne pouvions négliger les accidents de toute nature, dans lesquels surtout il est opportun de secourir promptement les victimes, non plus que les premiers soins à donner aux jeunes enfants, dont beaucoup périssent par l'ignorance des parents ou des nourrices. Enfin une part importante a été faite aux fortifiants, tisanes et autres remèdes inoffensifs.

Les soins de la toilette tiennent une grande place dans l'existence. Un Père de l'Église n'a-t-il pas dit que la propreté est une demi-vertu? De là le chapitre consacré aux préparations de la parfumerie : eaux de toilette, vinaigres, dentifrices, lotions et pommades pour l'entretien de la chevelure, pâtes, cosmétiques, etc.

La plus grande place a été donnée naturellement aux recettes d'économie domestique. C'est ainsi que nous avons consacré plusieurs notices aux opérations du blanchissage, du dégraissage, du raccommodage, sans cependant faire un traité sur la matière. Nous avons aussi donné des recettes contre les animaux nuisibles, ces ennemis de la maison, pour l'entretien du mobilier, de la vaisselle, pour la confection de boissons saines et économiques, la conservation des aliments, etc.

La friandise a aussi sa petite place. Dans les jours de fête, la ménagère sort avec orgueil les sirops, les liqueurs, les ratafias qu'elle a mis ses soins à confectionner, ainsi que les fruits à l'eau-de-vie et menus objets de confiserie, qui ne demandent point un outillage spécial.

Enfin, sous la rubrique de recettes curieuses et amusantes, nous avons rassemblé quelque formules, en guise d'épilogue. Ce sont des recettes d'encres de couleur ou d'encres sympathiques, le moyen de déchiffrer les cryptogrammes ou écritures secrètes, des procédés intéressants d'arpentage, quelques recettes pratiques pour la pêche, des jeux ou amusements de famille, etc.

Nous n'avons pas la prétention d'avoir donné toutes les recettes possibles, mais nous avons cherché à être complet et à ne donner que des conseils utiles et éprouvés. Nous espérons que le public nous saura gré de nos efforts.

RECETTES

D'HYGIÈNE ET DE SANTÉ

VIN DE QUINQUINA

Quinquina calisaya . . . 30 grammes.
Alcool de Montpellier, à 60°. 60 —
Vin rouge naturel. . . . 1 litre.

Concassez le quinquina et versez l'alcool dessus. Laissez en contact dans un vase fermé pendant vingt-quatre heures. Faites macérer dix jours en agitant de temps en temps. Passez avec expression et filtrez.

Autre recette ancienne.

Bon quinquina rouge concassé. 31 grammes.
Graine de cardamone . . . 4 —
Écorce d'orange séchée. . . 4 —

Laissez macérer pendant huit jours dans un litre de vin d'Espagne (Malaga). Un petit verre avant le dîner.

Les vins préférés pour le vin de quinquina sont les vins de Saint-Émilion et de Malaga.

Lorsque l'on craint l'échauffement, on obtient un bon résultat en mettant 10 grammes de quinquina rouge dans un litre qu'on remplit d'eau bouillante. On mêle à table avec le vin, au lieu d'eau pure.

VIN FORTIFIANT DE RACINE D'AUNÉE

Ce vin peut remplacer le vin de quinquina. On fait macérer 60 grammes de racines dans un litre de bon vin blanc pendant vingt-quatre heures, en ayant soin d'agiter de temps en temps la liqueur. On la décante, on la passe et on la conserve au frais dans des demi-bouteilles bien bouchées. La dose à prendre est un petit verre à liqueur, pour un enfant, de une à deux fois par jour, une heure avant le repas, et de deux petits verres à vin de Bordeaux pour un adulte.

VIN ANTISCORBUTIQUE

Racine de raifort sauvage . . . 190 grammes.
Bardane . . . . 80 —
Graine de moutarde pulvérisée. . 32 —
Sel ammoniaque — . 32 —
Une poignée de cresson de fontaine.
—   de cochléaria.
—   fumeterre.

Le tout épluché, lavé, égoutté et un peu coupé, mettez toutes ces substances avec le jus de deux citrons dans une cruche de grès qui puisse encore contenir six litres de bon vin blanc de Bordeaux ou de Bourgogne. Laissez macérer pendant huit jours et remuez de temps en temps. Ensuite on passe au clair et on bouche bien la cruche, si l'on n'aime mieux transvaser dans des bouteilles et boucher hermétiquement. Le scorbut vient de mauvaises conditions hygiéniques et constitue une *cachexie*, état dans lequel les fonctions languissent et le sang s'appauvrit. C'est dire qu'il faut remédier d'abord à ces conditions hygiéniques défavorables.

EAU ROUGE

Cette eau constitue un vulnéraire propre à boire dans les cas de chute, contusions. On en prend un ou deux verres à liqueur. Elle est de plus excellente en compresses sur les contusions ou un peu étendue d'eau pour laver les plaies.

On prend : basilic, romarin, laurier, sauge à petites feuilles, hysope, mélisse, camomille, serpolet, lierre, baume, thym, véronique, mille-pertuis, lavande, vulnéraire suisse (125 gram.), marjolaine, grains de genièvre, de chaque espèce trois .poignées. On choisit les feuilles et les fleurs que l'on a fait faner pendant vingt-quatre heures à l'ombre après les avoir épluchées. On les met dans une cruche de grès neuve avec 3 litres de bonne eau-de-vie. Laisser macérer trois mois au soleil pendant le jour et rentrer la nuit. La cruche doit être toujours bien bouchée.

CAFÉ FÉBRIFUGE

Prenez une certaine quantité de café non brûlé. Versez dans le vaisseau où vous l'aurez mis juste assez d'eau pour le recouvrir. Vous le faites bouillir après jusqu'à complète évaporation de l'eau. Mettez-le ensuite à un feu doux et laissez-le jusqu'à ce qu'il commence à roussir. On le pile ensuite et on le passe au tamis.

Dans les fièvres intermittentes, on prend de cette poudre une petite cuillerée dans du vin blanc, d'heure en heure, les jours où il n'y a pas de fièvre.

Beaucoup de médecins préconisent contre les fièvres paludéennes, une décoction de feuilles d'*eucalyptus globulus* dans les proportions de sept ou huit feuilles pour un litre. A prendre édulcoré avec du miel dans l'intervalle des accès.

LIQUEUR D'HOFFMANN

Cette liqueur, utile dans les syncopes, s'obtient en mélangeant par parties égales de l'alcool et de l'éther. On en donne par cuillerée, pure ou mélangée d'eau sucrée.

1.

SIROP D'ÉTHER

Ce sirop, dont l'action est moins énergique et moins active que celle de l'éther, se prépare en mêlant 2 grammes d'éther avec 30 grammes de sirop de sucre.

PRÉPARATIONS DE FER

Les médecins sérieux s'accordent à dire que de toutes les préparations de fer pompeusement annoncées dans les journaux, il n'y en a pas une qui contienne du fer assimilable. Le meilleur moyen d'en ingérer et le plus économique, c'est encore de jeter quelques clous dans une carafe d'eau et de les y laisser.

ELIXIR DE LONGUE VIE

Cette liqueur stomachique et légèrement purgative a joui longtemps d'une réputation méritée, selon nous. On 'en prend une demi-cuillerée à bouche le matin en se levant.

Pour la préparer, on fait macérer pendant quinze jours dans un litre d'eau-de-vie à 22°, 2 grammes de chacune des substances suivantes : agaric blanc, racine de gentiane, racine de rhubarbe, safran, cannelle, zédoaire ; ces substances doivent être grossièrement pulvérisées. Vers le quatorzième jour de macération, on ajoute 18 grammes d'aloès *et 15 de sucre blanc.*

SOLUTIONS IODOGÈNES

Cette formule pharmaceutique très précieuse est due au regretté docteur Jean Bernard, qui estimait que rien de ce qui peut être utile aux autres ne doit être tenu secret. Elle remplace avec avantage la plupart des fomentations et particulièrement la teinture d'iode sur lequel elle a l'avantage, au moyen d'applications successives dont l'expérience rendra l'emploi facile, de pouvoir se graduer depuis la simple rubéfaction de la peau jusqu'à la vésication. Mêlée avec de l'eau, elle est souveraine pour la cicatrisation des mauvaises plaies.

Voici le mode d'emploi :

On verse dans une soucoupe la quantité nécessaire du n° 1, on y trempe un pinceau dit « quatre plumes », qu'on peut se procurer chez les marchands de couleurs et l'on badigeonne largement l'endroit affecté ; puis, avec un autre pinceau pareil, on prend, dans une seconde soucoupe, le liquide du flacon n° 2 et l'on passe sur la surface déjà badigeonnée par le liquide du flacon n° 1. L'iode se produit immédiatement sur la peau, d'où rubéfaction, démangeaison et absorption de l'iode naissant par la peau. Pour les plaies, on mêle par parties égales le liquide du n° 1 avec celui du n° 2, on additionne d'eau et on lave avec une éponge fine..

Solution iodique, n° 1.

Iodure de sodium .   98 gram. 85 centigr.
Iodate de soude . .   26 —   17   —
Eau distillée, quantité suffisante pour une dissolution marquée au pèse-sel 12°,5.

Solution réactive, n° 2.

Acide tartrique cristallisé pur, 125 grammes 80 centigrammes.

Eau distillée, quantité suffisante pour une dissolution marquant au pèse-sel 12°,75.

N. B. — L'acide tartrique ne doit pas contenir de traces d'acide sulfurique.

Cette formule doit être exécutée très exactement ; aussi, si l'on n'est pas chimiste, fera-t-on bien de la confier à un bon pharmacien. Les deux flacons doivent être bien bouchés à l'émeri et tenus éloignés l'un de l'autre. En temps froid, dégourdir les deux liquides près du feu avant de s'en servir. Emploi recommandé au début de toutes les affections des voies respiratoires et des inflammations locales.

EAU PANÉE

On met de l'eau dans un pot de terre et, lorsqu'elle commence à bouillir, on y jette quelques croûtes de pain. On laisse bouillir pendant dix minutes, et l'on passe le mélange à travers un linge propre. Pour donner une eau panée plus nourrissante, on enveloppe dans une mousseline claire 125 grammes de mie de pain, on noue cette mousseline de façon que la mie de pain qu'elle renferme ne soit nullement serrée et on la plonge dans un pot de terre contenant quatre ou cinq verres d'eau. On laisse bouillir pendant vingt minutes, et, après avoir pressé le sac à l'aide d'une cuillère, on le retire. L'eau panée est faite. On édulcore avec du sucre.

La première méthode est celle qui convient le mieux aux petits enfants. L'eau panée ne sert pas deux fois ; il faut en faire de nouvelle chaque fois qu'on en a besoin, car elle sûrit très vite. On la donne tiède.

EAU SEDATIVE TRÈS FORTE

Pour un litre d'eau, mettez ammoniaque 100 grammes, alcool 10 grammes, sel 60 grammes. Si vous la voulez de force moyenne, ne mettez que 80 grammes d'ammoniaque et le reste comme ci-dessus.

DÉCOCTION DE GENTIANE

Cette recette est fort utile dans les cas de perte d'appétit et généralement dans toutes les affections produites par un manque de vitalité.

On emploie 30 grammes de racine sèche de gentiane concassée par litre d'eau. On doit prendre, suivant l'âge, de 60 à 100 grammes de cette décoction par jour.

VIN DE GENTIANE

Ce vin, employé dans les mêmes cas et surtout dans la dyspepsie, se prépare de la manière suivante :

30 grammes de racine coupée macérés dans 500 grammes de bon vin blanc.

On en prend un petit verre à madère avant chaque repas.

PETIT LAIT

On met sur le feu un litre et demi de lait pur. Lorsqu'il bout fortement, on y jette deux cuillerées à café de bon vinaigre. Après trois ou quatre bouillons on le retire, on laisse tomber le caillé au fond. On passe ensuite dans une flanelle blanche sans presser, puis on filtre au papier.

Cette quantité donne quatre grands verres de petit lait.

GELÉE FORTIFIANTE

Prenez : La moitié d'une poule,
        Une livre de veau,
        Deux livres de bœuf dans la culotte,
        Quatre ou cinq carottes et légumes or-
        dinaires du pot-au-feu.

Mettez le tout dans une marmite avec 4 litres d'eau et faites bouillir doucement pendant dix heures. Saler légèrement.

Le lait naturel, sucré ou non, est le liquide le plus fortifiant ; mais lorsque le malade s'en dégoûte, on se trouvera bien de l'emploi de cette gelée.

POUDRE CONTRE LE RHUME DE CERVEAU (coryza).

Sous-nitrate de bismuth . . 5 grammes.
Poudre d'iris de Florence. . 5   —
Tannin 2   —
    Mêlez.

INJECTION CONTRE LES CORYZAS CHRONIQUES

30 grammes de feuilles d'*eucalyptus globulus* infusés dans un litre d'eau à prendre en injections nasales.

BOUILLON DE VEAU

Pour 6 litres d'eau, mettez dans une marmite de terre :

Un jarret de veau, des carottes et des poireaux en abondance, du cerfeuil, deux navets et une tête de laitue. Laissez bouillir doucement trois heures.

BOUILLON COUPÉ DE LAIT POUR LE RHUME

Avant que le pot au feu soit salé, puisez avec une cuiller, dans la partie où se fait l'ébullition, une demi-tasse environ de bouillon ; mettez-y deux fois autant de lait ; ajoutez ensuite un gros morceau de sucre en remuant bien ce mélange avec la cuiller pour diviser les parties graisseuses du bouillon. Ce breuvage est aussi salutaire à la poitrine qu'il est bon au goût.

BOUILLON PECTORAL

Prenez les cuisses de douze grenouilles, mettez-les dans un pot de terre avec six verres d'eau et une cuillerée d'orge mondée. Après avoir écumé, ajoutez deux dattes, trois jujubes et une racine de fraisier. Faites bouillir très doucement pendant trois heures. Vers la fin, ajoutez une laitue ou quelques feuilles de chicorée blanche. Le bouillon doit être réduit de moitié pour se trouver à point. Il faut en prendre deux tasses le matin à une heure de distance.

BOUILLON D'ESCARGOTS

Ce bouillon est rafraîchissant et pectoral.
Après avoir fait dégorger la veille douze escar-

gots, on les enlève de leur coquille et on les jette dans une casserole sur le feu avec un litre d'eau, une laitue coupée en quatre, un peu de cerfeuil et quelques feuilles d'oseille, deux dattes, quatre jujubes et très peu de sel. On écume jusqu'au moment de l'ébullition. On place alors la casserole sur un coin du fourneau pour laisser mijoter le bouillon pendant trois heures, jusqu'à ce qu'il soit réduit d'un tiers. On aura fait dissoudre une once (32 gr.) de gomme arabique dans un verre d'eau. On verse ce liquide dans le bouillon, avant de le passer au moyen d'une serviette blanche dans un vase de porcelaine, et on le fait chauffer ensuite au fur et à mesure que l'on en a besoin. On peut ajouter, si l'on veut, à la gomme du sucre candi. Ce bouillon se conserve bien à froid.

ÉMULSION PECTORALE

Prenez une douzaine d'amandes douces sans écorce, des semences de melon et de courges de chacune 6 grammes, 15 grammes de semence de pavots blanc et pilez le tout dans un mortier de pierre; versez dessus, et peu à peu, 150 grammes de décotion d'orge, délayez dans cette décoction

24 grammes de sirop de nénuphar, pour une émulsion à prendre le soir en se couchant, contre la toux et dans les fluxions de poitrine.

ÉMULSION PECTORALE POUR LA TOUX

Prenez huile d'amandes douces, une once ; gomme arabique, un gros ; eau de cerises, une once et demie ; sirop de capillaire, une once.

Réduisez la gomme arabique en poudre très fine ; délayez dans l'eau de cerises seulement ce qu'il en faut pour former un mucilage. Ajoutez l'huile peu à peu jusqu'à ce qu'elle y soit entièrement unie, alors vous y délaierez le sirop et le reste de l'eau de cerises, et vous mettrez le tout dans une bouteille de verre blanc. Ce breuvage est excellent pour la poitrine.

INFUSION CONTRE LE RHUME

Prenez des fleurs de pas-d'âne (tussilage), de mauve, de coquelicot, de pied de chat ; versez dessus un litre et demi d'eau bouillante et laissez le tout infuser pendant une demi-heure; ajoutez du sirop de capillaire pour sucrer, ou à défaut du sucre blanc ordinaire.

EMPLATRE CONTRE LE MAL DE GORGE

Dans les Landes, où croissent des pins dont la résine est un grand article de commerce, on concasse cette résine séchée en très petits morceaux qu'on met entre deux linges fins autour du cou. Les paysans, sujets aux maux de gorge dans ce pays dont le sol est très humide, se servent beaucoup de ce remède fort simple.

MOYEN DE COMBATTRE L'EXTINCTION DE VOIX

Il faut prendre, à jeun, un bain de pied à la farine de moutarde ou mettre deux sinapismes, un à chaque côté intérieur des cuisses. Puis appliquer un révulsif léger sur le haut de la poitrine et sur le cou. Enfin on se trouvera bien de prendre en outre un gargarisme sec, tel que des pastilles de chlorate de potasse.

PATE DE GUIMAUVE CONTRE LE RHUME

Prenez 120 grammes de racines de guimauve fraîche, deux livres de sucre blanc et autant de gomme arabique. On coupe les racine de guimauve par tranches. Après les avoir lavées et nettoyées, on les fera bouillir pendant un demi-quart d'heure dans quatre ou cinq litres d'eau. On passe la décoction au travers d'une étamine blanche, on ajoute à cette décoction la gomme arabique que l'on a concassée menue. On met ce mélange dans une bassine que l'on place sur un feu modéré, et on l'agite avec une spatule de bois jusqu'à ce que la gomme arabique soit dissoute. On fait alors préalablement dissoudre le sucre dans cette liqueur; on passe ce mélange au travers d'un linge bien serré. On nettoie la bassine et la spatule, on remet la liqueur dans la bassine, et on la fait épaissir jusqu'à consistance de miel épais, ayant soin de toujours agiter avec la spatule pour l'empêcher de brûler. Lorsqu'elle est en cet état, on y ajoute quatre blancs d'œufs qu'on a fouettés avec 120 grammes d'eau de fleurs d'oranger, on ajoute le mélange violemment. C'est de cette agitation que dépend la blancheur de la masse. On la fait épaissir à petit feu, en l'agitant le plus fortement possible jusqu'à ce qu'elle soit suffisamment cuite. On s'en aperçoit lorsque, en tirant la spatule hors de la bassine et frappant légèrement la pâte du dos de la main, elle n'y adhérera pas. On la coule alors sur de l'amidon pulvérisé, que l'on a étendu sur du papier blanc en le secouant au travers d'un tamis de soie. On laisse refroidir la pâte, on la coupe par morceaux et on la met en boîte en la saupoudrant d'amidon pour empêcher l'adhérence.

LES LOOCHS

On appelle ainsi toute potion épaisse et mucilagineuse que l'on prend par cuillerées.

Looch de jaunes d'œufs.

Prenez un jaune d'œuf frais, 60 grammes d'huile d'amandes douces, 30 grammes de sirop de guimauve composé, 120 grammes d'eau et 8 grammes d'eau de fleurs d'oranger. On met dans une fiole l'eau et le sirop, et l'huile dans une autre. On délaye le jaune d'œuf dans un mortier de marbre avec un pilon de bois, et l'on ajoute une petite cuillerée d'eau mêlée avec le sirop. Lorsque ce mélange est bien délayé, on met l'huile peu à peu et on l'incorpore avec le jaune d'œuf. On agite le pilon jusqu'à ce toute l'huile soit entrée dans le mélange, qu'il ne paraisse aucun globule d'huile, que la matière soit unie et épaisse. On délaye alors avec le reste de l'eau mêlée de sirop et l'on ajoute l'eau de fleurs d'oranger. Mettez dans une fiole et bouchez.

Looch blanc.

Prenez amandes douces, seize; amandes amères, deux; sucre blanc, quatre onces; gomme adragante, en poudre très fine, seize grains; huile d'amandes douces recuite, quatre gros; eau de fleurs d'oranger, deux gros.

On monde les amandes en les trempant dans l'eau bouillante; on les jette ensuite dans l'eau froide pour les refroidir brusquement; on les pile dans un mortier de marbre avec un pilon de bois; on y interpose une portion de sucre, et on y ajoute peu à peu de l'eau pour empêcher le développement de l'huile, et former l'émulsion.

Quand les amandes sont réduites en une pâte liquide impalpable, on y ajoute peu à peu le reste de l'eau, et on coule l'émulsion à travers une étamine bien blanche.

Après avoir bien essuyé le mortier et le pilon, on mêle bien ensemble le reste du sucre avec la gomme; ensuite on ajoute une ou deux cuillerées de l'émulsion pour former le mucilage : celui-ci étant obtenu, on y incorpore l'huile; on y ajoute peu à peu le reste de l'émulsion et l'eau de fleurs d'oranger. On met le tout dans une fiole.

Pour rendre le looch plus expectorant, on y mêle quelquefois un ou deux grains de kermès minéral. Il faut le mettre quand on fait le mélange du sucre et de la gomme. On voit que l'on peut avoir ce remède pectoral aisément, et à beaucoup meilleur marché que chez les apothicaires.

RECETTE POUR CALMER L'IRRITATION DE LA GORGE ET DES GENCIVES

Prenez une tête de pavot, trois ou quatre morceaux de racine de guimauve de la longueur du doigt; faites bouillir ces substances dans une tasse d'eau ; après une bonne ébullition, transvasez ou coulez l'eau à travers un linge, puis édulcorez-la avec une bonne cuillerée à bouche de miel de

Narbonne ; gargarisez-vous plusieurs fois avec cette liqueur, et le mal ne résistera pas.

GARGARISME CONTRE LES MAUX DE GORGE

Chlorate de potasse. . .   10 grammes.
Eau distillée   250   —
Sirop de mûres   50   —

Faire dissoudre le chlorate de potasse dans l'eau et ajouter le sirop à cette liqueur.

Dans les maux de gorges légers, au début, l'eau salée, l'eau vinaigrée ou acidulée de jus de citron, l'eau miellée, l'eau édulcorée par du sirop de mûres sont également préconisées.

SIROP DE GOMME

Ce sirop, utile dans bien des cas, est si souvent sophistiqué que nous croyons devoir en donner une ancienne et excellente recette.

Pour une bouteille ordinaire, il suffit de 65 gr. de gomme arabique et de 750 grammes de sucre.

Vous mettez fondre la gomme la veille dans une quantité d'eau juste suffisante. Puis, avec le sucre vous faites un sirop à la plume, vous écumez et jetez la gomme en remuant jusqu'à parfaite cuisson. En retirant du feu, on ajoute deux cuillerées à bouche d'eau de fleurs d'oranger. Mettez chaud en bouteille et ne bouchez qu'à froid.

TISANE STOMACHIQUE

Prenez 4 grammes de racine de patience sauvage, coupée par petits morceaux. Jetez dessus, le soir, deux tasses d'eau bouillante, laissez infuser toute la nuit, passez le lendemain et prenez froid avec un peu de sucre.

TISANE CONTRE LES RHUMES DE CHALEUR

Prenez une poignée de chicorée sauvage et un petit morceau de bois de réglisse, jetez sur le tout 1 litre d'eau bouillante, laissez infuser, puis vous ajouterez dans chaque tasse quatre gouttes de jus de citron et un peu de sirop de gomme.

TISANE SUDORIFIQUE

Prenez 10 grammes de feuilles sèches de bour_rache. Versez dessus 1 litre d'eau bouillante, laissez infuser une demi-heure et passez.

TISANE CONTRE LA TOUX

Prenez 10 grammes de lierre terrestre, vulgairement appelé herbe de Saint-Jean, pour 1 litre d'eau bouillante. Laissez infuser une demi-heure et passez.

TISANE RAFRAICHISSANTE

Pour 10 grammes de graine de lin bien nette, versez 1 litre d'eau bouillante, laissez infuser une demi-heure et passez.

LIMONADE RAFRAICHISSANTE

Crême de tartre soluble. .	20	grammes
Eau bouillante.	900	—
Sirop de sucre.	100	—

TISANE STOMACHIQUE DE SAUGE

La sauge (*salvia officinalis*) était fort estimée des anciens, qui nous ont laissé ce dicton : *Felix cui salvia crescit in horto*. On la nomme encore le thé de la Grèce et les Chinois en font le plus grand cas. Cette précieuse labiée est recommandée dans

2.

les faiblesses d'estomac, les sueurs nocturnes, les catarrhes chroniques et les fièvres rhumatismales.

On en met cinq grammes dans une théière sur laquelle on verse 1 litre d'eau bouillante. On laisse infuser une demi-heure et l'on passe.

La tisane de camomille tonique, stimulante, fébrifuge, recommandée aux bilieux, s'emploie dans les mêmes proportions et se prépare de même.

Même remarque pour la tisane de violette, ordonnée dans les bronchites et les maladies éruptives et pour la tisane de feuilles d'oranger, cet agréable calmant.

TISANE DE GRUAU

Cette tisane adoucissante et légèrement nutritive convient aux enfants. Il suffit de faire bouillir deux cuillerées à bouche de gruau d'avoine dans un litre d'eau ; on passe la tisane quand elle est faite et on l'édulcore avec du sucre ou du sirop de gomme.

TISANE DE CHICORÉE

On en met quatre ou cinq feuilles dans une théière que l'on remplit d'eau bouillante, on édulcore avec du sucre, et l'on peut ajouter quelques gouttes de citron. Cette tisane se prend chaude ou froide deux ou trois tasses par jour, mais toujours à jeun.

SIROP DE CHICORÉE

Ce sirop est légèrement purgatif; on le donne aux enfants par petites cuillerées seul ou mêlé avec une égale quantité d'huile d'amandes douces.

On le prépare en faisant bouillir, pendant vingt minutes, 30 grammes de racine de chicorée dans 160 grammes d'eau. Vers la fin de l'opération, on ajoute 30 grammes de rhubarbe coupée menu. On passe ensuite le mélange et l'on ajoute à la liqueur obtenue 380 grammes de sucre et l'on clarifie le sirop.

TISANES DE SUREAU

L'infusion de fleurs sèches de sureau, à la dose de 5 à 15 grammes par litre d'eau est un excellent sudorifique.

L'infusion de fleurs fraîches est purgative et diurétique. On emploie 30 grammes par litre d'eau.

Enfin une décoction de 60 à 70 grammes de la seconde écorce verte pour un litre d'eau, administrée quatre ou cinq fois par jour à doses croissantes de 60 à 100 grammes, a souvent donné de bons résultats dans l'hydropisie.

―――

INFUSION DE HOUBLON

Cette infusion se prépare à la dose de 15 à 60 grammes par litre d'eau. C'est un tonique amer des plus recommandables. Pure ou mêlée avec le vin, elle relève l'appétit et active la circulation. On l'emploie avec succès à haute dose contre les vers intestinaux et dans le traitement des fièvres d'automne.

SIROP DE CHOU ROUGE PECTORAL

Pilez les feuilles et les côtes d'un ou de plusieurs choux rouges, exprimez-en le suc, ajoutez-y poids égal de bon miel et faites bouillir en écumant toujours, jusqu'à ce que le sirop n'écume plus ; alors vous le tirerez du feu, et l'ayant laissé refroidir, vous le garderez dans un vase de faïence, de porcelaine ou même de verre. La dose est d'une cuillerée à bouche ou deux tous les matins à jeun.

SIROP PECTORAL

Prenez des feuilles d'adiante, de rue de muraille, de trichonomes, de scolopendre et de bourrache, de chacune, une poignée; faites-les macérer pendant la nuit, dans une suffisante quantité d'eau froide, jusqu'à la réduction de cinq livres, après y avoir auparavant ajouté deux onces de réglisse râtissé et concassé : clarifiez la colature et faites-la cuire avec quatre livres de sucre blanc, pour un sirop pectoral.

SIROP DE PAS-D'ANE (tussilage).

Prenez fleurs de pas-d'âne, récentes, une livre ; eau bouillante, un litre et demi ; cassonade, deux livres et demie ; on fait du sirop qu'on clarifie et qu'on cuit en consistance requise ; on peut, lorsqu'on n'a pas des fleurs récentes, faire ce sirop avec 430 grammes de fleurs sèches. Il est propre pour la toux, il est adoucissant et expectorant.

SIROP VIOLAT

Pilez, mais très légèrement, dans un mortier de marbre et avec un pilon de bois, une livre de fleurs de violettes bien mondées de leurs queues et de leurs calices. Ayant légèrement pilé ces fleurs, mettez-les dans une curcurbite de verre, que vous aurez eu soin de bien faire chauffer auparavant et par degrés, de peur qu'elle ne casse ; et, pour mieux faire, prenez un pot de faïence, dont l'ouverture ne soit pas bien large. Les fleurs étant dans le vase convenable, versez par-dessus deux livres d'eau bouillante, et c'est en raison de cette eau bouillante que nous avons conseillé de faire chauffer ou la cucurbite de verre, ou les pots de faïence, de peur qu'ils ne se cassent. Bouchez exactement le vaisseau dans lequel vous avez mis les fleurs infuser dans l'eau, placez-le sur la cendre chaude, et faites durer l'infusion pendant douze heures, après quoi passez-la au travers d'une serviette, en la pressant fortement pour en enlever toute la teinture. Laissez reposer le produit pendant une bonne demi-heure pour séparer un peu de fécule qui se sera précipitée au fond. Pesez-la, vous en trouverez à peu près dix-sept onces. Pour les dix-sept onces, prenez deux livres de sucre, vous le concasserez, vous le mettrez dans un matras de deux pintes au moins ; vous verserez par-dessus dix-sept pintes d'infusion de fleurs de violettes, vous boucherez bien le matras, et vous le placerez au bain-marie, à un feu bien modéré. Il faudra remuer de temps en temps le matras sans le déboucher, pour accélérer la dissolution du sucre, et bien prendre garde qu'il ne soit frappé d'un froid subit, ce qui pourrait le faire casser. Le sucre étant dissous, laissez éteindre le feu et refroidir le matras. Alors vous pourrez verser le sirop dans les bouteilles destinées à cet usage.

SIROP DE MURES

Prenez deux livres de mûres, un peu avant leur parfaite maturité; réduisez en poudre fine deux livres de sucre, que vous mettez dans une poêle à confiture, avec ces deux livres de mûres; donnez-vous bien garde d'écraser le fruit, le sirop resterait trouble; mettez la poêle, et ce qu'elle contiendra, sur un feu très modéré, la chaleur fera bientôt crever les mûres, qui, par ce moyen, rendront tout leur suc parfaitement clair, et ce suc dissoudra le sucre en poudre; faites prendre plusieurs bouillons au mélange, vous reconnaîtrez le juste degré de cuisson, en faisant tomber d'un peu haut, et sur une assiette de faïence, du sirop que vous aurez pris dans une cuiller; s'il n'éclabousse point, et qu'il fasse comme un petit boulet autour de l'endroit où il sera tombé, vous jugerez qu'il est suffisamment cuit; retirez pour lors la poêle du feu, et lorsque le tout sera bien refroidi, vous le mettrez en bouteilles.

SIROP DE GUIMAUVE

Prenez six onces de racines de guimauve recuite, lavez-les à plusieurs reprises, pour bien en emporter toute la terre ; ôtez-en la première écorce en les râtissant légèrement ; coupez-les par tranches ; faites-les bouillir dans trois ou quatre livres d'eau, sept à huit minutes seulement ; passez cette décoction par un tamis pour en séparer les racines ; faites-y fondre six livres de sucre ; clarifiez le mélange au blanc d'œuf ; écumez-le avec soin ; faites-le cuire au petit perlé ; retirez pour lors promptement la bassine du feu ; laissez refroidir le sirop, après quoi vous le mettrez en bouteilles.

SIROP DE CAPILLAIRE

Prenez une once de capillaire du Canada, mettez-le dans une terrine vernissée ; versez par-dessus quatre livres d'eau bouillante ; laissez d'abord l'infusion pendant douze heures sur de la cendre chaude ; exprimez et coulez cette infusion, elle vous donnera une forte teinture de capillaire ; faites fondre dans cette teinture quatre livres de sucre, mettez le tout dans une bassine à confiture, que vous placerez sur le feu, et que vous clarifierez au blanc d'œuf, selon l'art. Continuez la cuisson ; quand le sirop sera au perlé, versez-le promptement sur du nouveau capillaire haché, que vous aurez mis dans une terrine, couvrez bien cette terrine, et, quand vous verrez que le sirop se refroidira, vous pourrez l'aromatiser, si c'est votre goût.

SIROP RAFRAICHISSANT

Prenez du suc des fruits d'épine-vinette dans leur maturité récemment exprimé et nettoyé, et du sucre blanc, de chacun deux livres ; faites-les cuire avec un feu lent jusqu'à consistance de sirop, dont on se servira contre la grande effervescence de sang. La gelée qu'on fait avec ces fruits produit le même effet.

TISANE D'ORGE POUR RAFRAICHIR

Ayez une once d'orge mondé ; versez par-dessus de l'eau bouillante, afin d'enlever le principe âcre que contient l'écorce du grain ; ce principe donnera une teinte rose à cette eau que vous jetterez. Vous pouvez même, pour mieux ôter l'âcreté, donner un tour de bouillon à cette première eau. Faites bouillir ensuite dans une livre et demie d'eau jusqu'à ce que l'orge fléchisse à une légère pression. Transvasez la liqueur, édulcorez-la de miel ou de sucre, mélangez-la avec du lait ; ajoutez-y un peu d'eau de fleurs d'oranger, si la personne qu'il faut rafraîchir a les nerfs délicats.

DÉCOCTION DE SAPONAIRE

Cette décoction dépurative rend souvent de grands services dans les affections dartreuses et l'emploi n'en offre aucun inconvénient.

On la prépare en employant de 15 à 30 grammes

de racines broyées, sèches ou non, pour un litre
d'eau.

DÉCOCTION DE GENÊT

On prend les rameaux et les sommités fleuries de
ce sous-arbrisseau (papilionacée), 30 à 60 grammes
par kilogramme d'eau, et l'on en fait une décoction.

Administrée à dose légèrement laxative, elle ex-
cite les secrétions et surtout celle des urines. On
peut la recommander dans le rhumatisme chro-
nique, la goutte, les maladies chroniques du foie
et de la peau.

VIN DE GENÊT

Ce vin est préparé avec 500 grammes de cendres
de genêt pour deux kilogrammes de vin blanc.
Laissez macérer et passez. A la dose de 125 grammes
chaque matin, il est très bon contre l'hydropisie, à
la condition qu'il n'y ait pas échauffement des

reins. Dans ce cas, la décoction un peu forte ci-dessus est préférable.

CURE DE RAISIN

Le raisin bien mûr est nourrissant et rafraîchissant, légèrement diurétique et laxatif. Les gens sanguins ou bilieux se trouveront bien de cette cure pour laquelle il est bien inutile d'aller en Bavière, comme font certains malades, comme si le raisin ne mûrissait pas en France.

Il suffit d'en manger depuis une livre jusqu'à huit, selon que l'estomac le supporte plus ou moins facilement, mais en quatre ou cinq fois. L'important est de le cucillir soi-même en se promenant. L'exercice ajoutera au bienfait de la cure, qui est fort agréable.

EAU DE MÉLISSE DES CARMES

On met dans une cruche de grès trois litres d'esprit de vin à 85° centigrades, 500 grammes de sommités de mélisse, 125 grammes de zeste de citron et 15 grammes d'angélique. Au bout de dix jours, on passe en exprimant à travers un linge, et l'on ajoute : coriandre, 200 grammes ; noix muscade, 40 grammes ; cannelle, 40 grammes, et quelques clous de girofle. Après huit jours, on passe et l'on filtre au papier joseph.

CERAT

Huile d'amandes douces .   300 grammes.
Cire blanche 100   —

Faire liquéfier la cire dans l'huile au bain-marie et laisser refroidir lentement en agitant continuellement dans le même sens.

CERAT DE GALIEN

Huiles d'amandes douces .   300 grammes.
Cire blanche   400   —
Eau de roses   300   —

Même préparation. On ajoute l'eau de rose à la fin.

POMMADE CAMPHRÉE

Camphre pulvérisé . . .   30 grammes.
Cire blanche   10   —
Axonge   90   —

POMMADE SOUFRÉE

Soufre sublimé et cassé .   .   15 grammes.
Huiles d'amandes douces .   10   —
Axonge benzoïnée . . .   30   —

POMMADE CONTRE LES PANARIS, LE MAL BLANC, ETC.

Prenez : Huile d'olive fine.　125 grammes.
Cire jaune . . .　90　—
Sucre pulvérisé .　80　—

Mettez dans un vase neuf le sucre fondu dans très peu d'eau, puis l'huile d'olive et la cire concassée ; le tout sur un feu doux et jusqu'à ébullition, après quoi vous retirez du feu. Prenez une bonne poignée de la seconde écorce verte du sureau, plongez-la dans le liquide et l'y laissez macérer afin de bien l'en imprégner. Vous passez ensuite le tout dans un linge bien propre.

Pendant l'opération, il faut toujours remuer le liquide avec une spatule de bois neuve.

ONGUENT LE PRIEUR

Cet onguent est bon pour toutes sortes de plaies. On doit l'étendre sur un linge bien blanc et ne le renouveler qu'au bout de vingt-quatre heures. Laver la plaie avec de l'eau tiède.

Suif de bélier. . 1 kilogr. 500 grammes.
Cire vierge . . 1 kilogr.

Faites fondre ensemble le tout coupé en petits morceaux. Ajoutez 1 kilogr. d'huile d'olives et faites bouillir doucement. Pendant l'ébullition, ajoutez 1 kilogr. de poix de Bourgogne et remuez pendant une heure avec une spatule de bois bien propre. Retirez du feu et ajoutez un kilogr. de thérébentine, mêlez bien et faites bouillir doucement pendant une demi-heure.

Il y a près d'un siècle que cet onguent a été composé par un médecin de ma famille, où la recette s'en est conservée.

POMMADE DE CONCOMBRES

Pour calmer l'inflammation de toutes sortes de boutons.

Prenez une quantité d'huile d'olive fine proportionnée à ce que vous voulez avoir de pommade. (Il en faut faire peu à la fois, parce qu'elle rancit avec le temps.) Râpez ensuite des concombres blancs en quantité égale à celle de l'huile, et mettez le tout dans une bassine, ou dans un plat, ou même, si vous n'avez que cela dans un gobelet d'argent.

Placez ce vase sur un bain-marie, et agitez ce qu'il contient avec le manche d'une cuiller à bouche d'argent, afin d'imiter la spatule dont se servent les pharmaciens à cet effet. Continuez d'agiter pendant quelque temps, mais sans aller jusqu'à l'ébullition ; passez ensuite à travers une étamine, et remettez jusqu'à six fois cette même huile que vous venez de filtrer sur de nouveau concombres râpés : vous recommencerez ainsi l'opération jusqu'à six fois, toujours à la chaleur du bain-marie, sans faire bouillir, et vous aurez une pommade fine, blanche comme la neige.

Vous la mettrez dans un petit pot, et la couvrirez bien d'une rondelle de carton de la grandeur de l'orifice du pot ; vous assujettirez cette rondelle par un double papier attaché autour du pot par un gros fil.

Quand vous voudrez faire usage de cette pommade, vous en prendrez un peu avec le bout du doigt, et l'appliquerez sur le bouton de moment en moment, mais surtout le soir. Cette pommade en calmera subitement la douleur et le séchera promptement. Elle est aussi fort bonne pour adoucir la peau, en ôter le hâle, les rougeurs et les taches farineuses.

REMÈDE CONTRE LES MAUX D'OREILLES

Prenez un oignon cuit sous la cendre, 30 grammes de beurre bien frais, autant d'huile rosat, autant d'huile de camomille, 4 grammes de safran pulvérisé, mêlez bien le tout ensemble et appliquez-le sur le mal. Ce remède fera promptement aboutir l'abcès, s'il y en a un.

ENGELURES

On réussit généralement à s'en préserver au commencement de la saison froide par des lotions d'alcool ou d'eau alunée. Il faut en outre éviter le contact de l'eau chaude et se laver dans de l'eau simplement dégourdie.

La guérison est difficile pour les personnes qui sont exposées à mettre leurs mains alternativement dans l'eau chaude et dans l'eau froide.

Dans les cas simples, une couche de collodion formant un vernis protecteur est très utile. Lorsqu'il y a des ulcérations, on les touche légèrement avec le crayon de nitrate d'argent et l'on recouvre de collodion ou d'un bandage un peu serré. Il est bon, avant de se coucher, de se frotter les mains avec parties égales d'eau et de glycérine pure.

POUR GUÉRIR LES AMPOULES

A la suite d'une longue marche, le pied, surtout au talon, peut être affecté d'une petite tumeur semblable à une bulle produite par la brûlure.

Percer la petite ampoule, faire sortir le liquide sans enlever la peau, appliquer un petit linge fin enduit de beurre frais ou de cold-cream, de cérat, garder le repos, sont des moyens simples, qui, aidés des soins de propreté, suffisent pour amener une guérison prompte et facile.

PILULES DE LONGUE VIE

Cette recette, qui date du siècle dernier, a sans doute inspiré toutes ces pilules de santé, qui ne sont, en réalité, que de légers purgatifs, dont l'usage modéré est souvent utile. Voici ce remède dans sa naïve simplicité :

Prenez aloès soccotrin, 4 onces (120 grammes); safran, 1 once (30 grammes); myrrhe en larmes 2 onces (60 grammes); rhubarbe, 4 gros (16 gr.). Réduisez ces drogues en poudre, chacune séparément. Ensuite, les ayant mêlées ensemble dans un pot de terre vernissée et ayant ajouté 8 onces (240 grammes) de chicorée sauvage bien dépurée, vous exposerez la matière au soleil, ou à un feu modéré, et, lorsqu'elle sera suffisamment épaissie, vous en formerez des pilules, que vous garderez dans une boîte où il y aura de la farine. Chaque pilule doit être de la grosseur d'un bon pois. On peut en prendre, avant le repas, deux ou trois, jusqu'à six.

RATAFIA CONTRE LA COLIQUE

Prenez une poignée de fenouil vert, un demi-litron (343 centilitres) de grains de genièvre nouveaux, bien mûrs, pour 10 centimes de coriandre et autant de graine d'anis vert, plus une petite côte d'angélique. Pilez le tout, sauf le fenouil, dans un mortier de marbre ou de bois bien propre et mettez-les macérer pendant trois jours dans une bouteille de verre ou dans un vaisseau de terre vernissée et bien bouché, où vous aurez versé un litre d'eau-de-vie de vin. Ensuite vous passez la liqueur par un linge bien net, avec une légère expression, et, après y avoir ajouté un quart de sucre blanc écrasé, vous le remettez dans la bouteille et la laissez reposer trois autres jours, ayant soin de secouer souvent la bouteille pour que le sucre ne s'attache pas au fond. Après cette seconde macération, vous passez la liqueur par une toile serrée et bien nette pour la tirer au clair. Conserver dans une bouteille bien bouchée. Pour fortifier l'estomac, on en prend une cuillerée avant dîner, contre les coliques, de deux à quatre.

JULEP CONTRE LA COLIQUE

Prenez des semences d'anis et de fenouil, de chacune 15 grammes ; une demi-poignée de feuilles de fenouil et faites-les bouillir dans 150 grammes d'eau de fontaine ; ajoutez à la décoction 60 gr. d'huile d'amandes douces pour un julep à prendre contre la colique.

EMULSION CONTRE LA SOIF IMMODÉRÉE

Prenez douze amandes douces pelées, pilez-les dans un mortier de bois ; versez dessus, peu à peu, une quantité suffisante de décoction d'orge ou de laitue ; faites une émulsion à prendre en deux fois. Sucrez chaque fois avec 30 grammes de sirop de nénuphar.

EAU POUR FORTIFIER LA VUE

On se sert de cette eau dans ma famille, depuis vingt ans, avec succès.

Achetez six grains de couperose blanche (sulfate de zinc) et trente et un d'iris de Florence, en poudre [1] ; mélangez ces deux substances, et mettez-les dans un demi-litre d'eau de rivière, dont vous aurez rempli une bouteille bien rincée ; bouchez la bouteille, et mettez-la dans un endroit frais. Le remède est achevé après vingt-quatre heures. Filtrez.

1. Le grain vaut 5 centigrammes et demi environ ou 0,0542.

Quand vous vous sentirez l'œil fatigué, vous verserez de cette eau, soit dans un petit bassin à baigner les yeux, soit dans une cuiller à bouche, et vous ouvrirez l'œil dans l'eau ; si vous éprouvez de la cuisson aux paupières, ce sera un signe certain que le remède opère ; sinon, il ne fera ni bien ni mal.

DÉSINFECTANT DE L'AIR

C'est un préjugé de croire qu'on assainit l'air vicié d'une chambre de malade, par exemple en y brûlant du sucre, du vinaigre, des herbes aromatiques etc. Le meilleur moyen est encore d'y maintenir une assiette avec un peu de chlorure de chaux humide qu'on renouvelle de temps en temps.

DÉCOCTION VERMIFUGE

Faire une décoction de 4 à 15 grammes d'ail pour un demi-litre d'eau et mieux de lait pur.

REMÈDE CONTRE LE VER SOLITAIRE

On prend de 30 à 60 grammes de racines de fougère mâle concassée par un litre d'eau qu'on laisse réduire de moitié, dans un vase fermé.

Un autre moyen plus simple consiste à mêler la poudre de racine de fougère mâle avec quantité égale de miel. On en prend à jeun de 60 à 90 gr. par jour pendant trois jours, puis on facilite l'expulsion du ver solitaire au moyen d'une purgation à l'huile de ricin, environ 60 grammes.

Il est rare que la guérison ne se produise pas après ce premier essai. Dans ce cas, on recommence quelques jours après.

RATAFIA DE MILLE-PERTUIS

On mettra un litre d'eau-de-vie sur quatorze onces de fleurs de mille-pertuis, dans un vaisseau de verre bien bouché, on l'exposera au soleil pendant quinze jours ou trois semaines, on passera la liqueur et on y fera fondre douze onces de sucre.

Cette liqueur est très propre dans les difficultés d'urine.

BAIN ADOUCISSANT

Prenez deux livres d'orge mondé, une de riz, trois livres de lupin pulvérisé, huit livres de son, dix poignées de bourrache ; faites bouillir le tout dans une quantité d'eau suffisante et lorsque le riz et l'orge seront bien cuits, jetez, après l'avoir passée, cette eau dans celle du bain. Mettez vous dans la baignoire et restez-y de deux à trois quarts d'heure.

BAINS DE LAIT

Ces bains ont été préconisés depuis l'antiquité, mais nous ne les croyons pas plus efficaces que les bains gélatineux. De plus, ils ont le grand inconvénient de coûter fort cher.

Cependant le lait est bon pour laver la figure, de

même que le jaune d'œuf, mais il faut se rincer après à l'eau tiède.

CONTRE LES AIGREURS

Délayez une cuillerée à café de magnésie calcinée dans le quart d'un verre d'eau et avalez ce mélange rapidement, en ayant soin d'agiter pour que la magnésie ne se précipite point au fond du verre. On peut en prendre deux ou trois fois après un intervalle d'une heure entre chaque fois, si la première dose n'a pas suffi.

REMÈDE CONTRE LE FROID AUX PIEDS

Si l'on doit faire une marche pénible dans la neige ou par un très grand froid, il faut s'enduire les pieds de graisse bien propre, à défaut avec une pommade quelconque ou de l'huile. L'usage des bas et des chaussettes de laine est recommandé.

Si au contraire on est obligé de rester immobile

ou à peu près dans un milieu très froid, on se trouvera bien de saupoudrer ses bas ou ses chaussettes à l'intérieur avec de la farine de moutarde. Avoir soin que cette farine ne soit pas éventée.

REMÈDE CONTRE LA TRANSPIRATION DES PIEDS

On ne doit la combattre que par des moyens simples et rationnels et jamais par le refroidissement ou les lavages à l'eau froide qui, en arrêtant brusquement la transpiration, peuvent amener des accidents graves.

Le matin, en sortant du lit, on essuie les pieds avec un linge sec, lorsqu'ils sont en moiteur, et on les frictionne légèrement avec quelques gouttes d'eau de Cologne, d'alcool ou d'eau-de-vie commune.

Il faut entretenir les pieds dans un parfait état de propreté par des lavages à l'eau tiède et en changeant souvent de bas ou de chaussettes.

PROCÉDÉ POUR SE DÉBARRASSER DES VERRUES ET POIREAUX

Prenez de l'herbe nommée chélidoine jaune, ou herbe d'éclair, espèce de surelle. Cette plante à fleur jaune (de la famille des géraniés) croît en abondance le long des murs : cassez la tige, auprès de la racine, il en sortira un suc laiteux d'un jaune foncé dont vous frotterez la verrue à plusieurs reprises ; quelle que soit la grosseur, elle cédera à l'application de ce suc. Il faudra réitérer cette application jusqu'à ce que la guérison soit complète.

VESICATOIRE DE GAROU

A défaut des cantharides auquel on la préfère souvent, parce qu'elle atteint moins le système nerveux, l'écorce du bois de garou, ramollie par un séjour de plusieurs heures dans le vinaigre et appliquée sur la peau, produit au bout de quarante-huit heures une vésication complète.

On fait disparaître la démangeaison que l'emploi

du garou fait naître dans les environs de la partie
à vif au moyen d'une décoction de cerfeuil avec
laquelle on baigne les parties sensibles.

POMMADE CONTRE LA GALE

Cette maladie que, par le contact, les gens les
plus soigneux peuvent attraper aisément, se guérit
avec une pommade faite de racine de bryone fraîche
et pilée, cuite avec du saindoux. Six frictions à un
ou deux jours d'intervalle suffisent pour faire disparaître l'odieux acarus.

DES ACCIDENTS

Secours à donner aux noyés.

Quelle que soit la nature des accidents que l'on
observe chez un noyé, il est des précautions et des
soins préliminaires qui doivent précéder toute
espèce d'intervention plus énergique. Dès que
l'individu est retiré de l'eau, on doit le coucher sur

le côté droit. On incline légèrement la tête en avant, en la soutenant par le front ; on écarte doucement les mâchoires, si la chose est possible, et on facilite ainsi la sortie de l'eau introduite par la bouche et les narines. On pourrait même immédiatement après le sauvetage, pour mieux faire sortir l'eau, placer, *à différentes reprises*, la tête un peu plus bas que le corps.

Après ces différentes opérations qui ne doivent pas durer plus d'une ou deux minutes, le malade sera transporté au dépôt de secours, s'il y en a un voisin, ou au moins dans un lieu abrité et chauffé. Là, on le débarassera de tous les vêtements susceptibles de gêner les mouvements de la respiration et la circulation du sang. On l'essuiera et on l'étendra doucement sur un matelas, entre deux couvertures de laine, puis on essayera de nouveau, à l'aide de la manœuvre déjà indiquée, de lui faire rendre de l'eau ; pour peu que les mucosités s'écoulent avec peine, on facilitera leur sortie à l'aide du doigt, ou mieux d'un pinceau qui, par ses frottements, pourra exciter la muqueuse de l'arrière-gorge et des fosses nasales, en même temps qu'on exercera sur la poitrine et l'abdomen des pressions douces, lentes, et *alternatives*, séparées par un intervalle d'un quart de minute, quinze secondes. Ces premiers soins doivent être donnés indifféremment à tous les noyés en attendant l'arrivée du médecin.

On pourra aussi, en attendant, mais après ces premiers soins, faire respirer de l'alcali volatil ou de l'eau de Cologne, ou, à défaut, faire brûler sous le nez de l'asphyxié le soufre de plusieurs allumettes.

Dès que la respiration commence à se rétablir, on s'occupe de réchauffer *lentement* et progressivement le corps; on applique des laines chaudes sur le ventre, on met des briques chaudes, des bouteilles ou des cruchons d'eau chaude aux pieds. On fait des frictions générales, et surtout vers la région du cœur avec la main, une brosse sèche, ou mieux une flanelle imbibée d'eau-de-vie camphrée ou d'alcool.

Le noyé revenu à lui prendra toutes les cinq minutes une cuillerée d'eau-de-vie ou de rhum. S'il manifeste l'envie de vomir, on lui administrera un vomitif d'émétique. S'il survient des selles, on lui fera prendre des cuillerées de vin chaud.

Si le patient ne revient point à lui, qu'il ait le visage rouge, violet ou noir, il faut pratiquer la saignée au pied ou à la veine jugulaire. Si l'on ne sait pas, il reste comme moyen suprême de faire brûler sur le creux de l'estomac, sur les cuisses et sur les bras de petits morceaux d'amadou. Ces soins doivent être continués plusieurs heures. *Ne jamais se décourager*; on a vu des noyés revenir après plus de six heures d'efforts.

SECOURS CONTRE LES BRULURES

On reconnaît six degrés de brûlure suivant leur profondeur. Elles vont depuis la rougeur de la peau avec sensation de cuisson jusqu'à l'envahissement complet, c'est-à-dire jusqu'à l'os inclusivement.

C'est au médecin à reconnaître le degré de la brûlure et à y apporter les soins convenables. Néanmoins, en son absence, il faut se hâter de donner au blessé les premiers secours.

Voici le traitement le plus en faveur aujourd'hui. Après avoir percé les ampoules pour faire écouler le liquide séreux, en se donnant garde de déchirer la peau, et lavé la partie affectée avec un liquide spécial (deux cuillerées d'extrait de Saturne pour 1 litre d'eau), on couvre immédiatement la brûlure avec plusieurs couches minces de ouate de coton, de façon qu'elle soit matelassée contre tout contact et toute impression extérieure. Les brûlures peu graves sont guéries en quelques jours.

A défaut de coton cardé ou de ouate, on peut employer la pomme de terre râpée en couche épaisse maintenue avec un bandage pas trop serré.

EAU CONTRE LES BRULURES LÉGÈRES

Dans 1 litre d'eau, une cuillerée à café d'extrait de Saturne et une cuillerée à bouche d'eau-de-vie. Bien battre et baigner la plaie avec ce liquide, puis y mettre des compresses imbibées de la même eau.

HUILE JOSEPH

Cette huile, qui se trouve dans toutes les pharmacies et que l'on fera bien d'avoir chez soi, est très efficace dans les brûlures du premier degré. Elle a aussi une action sur la suppuration dont elle diminue l'intensité.

Elle est également fort utile dans les coups de soleil et contre la piqûre des moustiques dans les pays chauds.

SECOURS A DONNER CONTRE LE CHARBON

La première chose est d'envoyer chercher le médecin ; mais, en attendant son arrivée, voici ce qu'il faut faire : débridez la tumeur ou bouton charbonneux par une incision en forme de croix et appliquez-y du beurre d'antimoine. Si vous n'en avez pas ou que vous ne puissiez vous en procurer, remplacez-le par des feuilles de noyer broyées et pilées.

En même temps faites vomir le malade et administrez-lui des lavements purgatifs.

CONTRE LES PIQURES ANATOMIQUES

Les médecins en autopsiant, comme les cuisinières en préparant un gibier faisandé, peuvent être piqués par un os pointu ou par le couteau qui sert à dépecer. Dans ce dernier cas, il faut bander fortement le membre atteint au-dessus de la plaie et le sucer activement, si l'on n'a pas de bobos, ni d'excoriations dans la bouche, débrider la plaie et cautoriser au fer rouge.

REMÈDE FACILE CONTRE L'HÉMORRAGIE

Comme on n'a pas toujours du perchlorure de fer sous la main, on se trouvera bien d'appliquer sur la blessure un morceau d'amadou bien propre. Il absorbe rapidement la partie céreuse du sang et favorise ainsi la formation d'un caillot, sous lequel s'opère un commencement de cicatrisation. On l'emploiera contre les coupures de rasoir, les piqûres de sangsues, d'épingles, etc.

LES EMPOISONNEMENTS

On appelle poison toute substance assimilable qui, en pénétrant dans l'organisme par absorption, produit rapidement la maladie ou la mort. On dit qu'une substance a été absorbée lorsqu'elle a pénétré dans la circulation du sang, soit par inhalation, soit par inoculation.

Ce n'est pas ici le lieu de faire une théorie non plus qu'une classification des poisons; mais nous pourrons induire de ce qui précède que, dans les cas d'empoisonnements, il faut agir le plus promptement possible, car il est évident que les contrepoisons ne peuvent avoir d'effet qu'autant qu'ils peuvent atteindre le poison ingéré dans les organes digestifs. Une fois absorbé et introduit dans la circulation, les antidotes ne peuvent en avoir raison. Néanmoins la prudence commande, en l'absence du médecin, de provoquer l'expulsion du poison par des vomitifs ou de faire prendre au malade des substances susceptibles de masquer les propriétés de l'agent tonique ou d'en empêcher l'absorption, telles que le lait, le blanc d'œuf, l'huile d'olive, etc.

Nous allons donc passer en revue, les principaux poisons, en indiquant pour chacun d'eux le traitement à suivre en attendant l'arrivée du médecin qu'il faut toujours mander au plus vite.

Phosphore. — On en reconnaît la présence à l'odeur d'ail des vomissements. Faire vomir avec de l'eau salée (50 grammes par litre) ou mieux avec 5 centigrammes d'émétique (tartre stibié) dans un demi-verre d'eau. Administrer ensuite des boissons émollientes, *excepté l'huile.*

Arsenic. — C'est généralement sous la forme d'acide arsénieux qu'il est ingéré. Faire vomir d'abord, comme ci-dessus. Administrer un diurétique composé de 4 grammes de sel de nitre par litre d'eau. Puis du vin chaud et ramener la circulation et la chaleur par tous les moyens possibles, frictions, applications de laine chaude, etc.

Vert-de-gris. — Nourriture refroidie dans des ustensiles de cuivre mal étamés. Administrer des blancs d'œufs délayés dans l'eau.

Sels de plomb, ou empoisonnements saturnins, reconnaissables aux vomissements et aux coliques caractéristiques. Le vin contenant de la litharge, le blanc de céruse qui sert dans les arts et dans certains fards en est souvent la cause. Souvent un liseré bleuâtre se montre au bord des gencives. Donnez au malade du sulfate de magnésie à la dose de 6 à 8 grammes par verre d'eau et faites boire une forte décoction de racine de guimauve, dont vous ferez prendre aussi des lavements.

Émétique. — On peut s'empoisonner en en prenant une dose trop forte. Donnez décoction d'écorce de chêne (15 grammes par 1 tre d'eau) et thé très fort.

Narcotiques. — Contre les narcotiques, qui sont l'opium et ses dérivés, tels que la morphine, la codéine, le laudanum, etc., la belladone, la tête de pavot, la morelle, la jusquiame, après avoir fait vomir donnez une préparation de tannin (1 gramme par litre d'eau), puis un lavement purgatif. Ensuite, de quart d'heure en quart d'heure, du café très fort et de la limonade alternativement. Entretenir la chaleur et soutenir les forces du malade. Si l'empoisonnement a lieu par l'opium ou ses dérivés, il faut doubler la dose ordinaire d'émétique.

Narcotiques âcres. — Si l'empoisonnement a lieu par l'absorption de ciguë, de digitale, de rue, de tabac ou de colchique, il faut suivre le traitement suivant : d'abord vomitif composé de 10 à 15 centigrammes d'émétique avec 1 gramme d'ipéca dans un quart de verre d'eau, puis purgatif composé de 10 centigrammes d'émétique avec 45 grammes de sel gris et lavement purgatif. Après l'effet de cette médication, donnez des boissons acides, et entretenez la chaleur et les forces.

S'il s'agit de combattre l'empoisonnement par la *noix vomique* ou la strychine dont les symptômes sont raideur et renversement du cou en arrière, suffocations et convulsions, il faut administrer un vomitif et un purgatif et faire respirer du chloroforme avec précaution.

Acide prussique ou *cyanhydrique*. — Lorsqu'il n'a pas été pris pur ou en quantité suffisante pour agir d'une manière foudroyante, il peut être combattu par des moyens assez simples. Il suffit de placer sous le nez du malade un flacon d'eau ammoniacale, ou mieux d'eau légèrement chlorée, en même temps qu'on lui arrose la tête, la nuque et le visage avec de l'eau glacée. C'est le traitement indiqué par Orfila.

Champignons vénéneux. — Nous commencerons par conseiller à nos lecteurs de s'abstenir de champignons sauvages, pour se contenter de champignons de couches. Les erreurs sont trop fréquentes et la conséquence en est trop terrible pour qu'on s'y expose en échange d'un médiocre plaisir. Faisons toutefois une exception en faveur de la morille très facilement reconnaissable.

Les symptômes de l'empoisonnement par les champignons sont coliques douloureuses, vomissements, diarrhée, mouvements convulsifs, soif et souvent délire. Les effets se manifestent depuis quatre jusqu'à vingt-quatre heures après l'ingestion.

Faire vomir avec un ou deux décigrammes d'émétique dans un demi-verre d'eau et si l'on n'obtient pas un résultat, répéter la dose. Puis un purgatif avec 50 grammes d'huile de ricin et des lavements purgatifs. Faire boire de l'eau sucrée avec quelques gouttes d'éther et soutenir les forces par des stimulants : thé fortement additionné de rhum, etc.

SECOURS DANS LES ATTAQUES D'APOPLEXIE

En attendant le médecin qu'on doit mander immédiatement, il ne faut pas perdre une minute et commencer par les soins suivants : débarrasser le malade des vêtements trop serrés, le transporter, avec le moins de secousses possibles dans un lieu convenablement aéré, d'une température fraîche, loin du bruit et garanti contre une lumière trop vive; maintenir la tête et la poitrine élevées, la tête découverte; si le malade est à jeun ou a digéré, appliquer des sinapismes aux jambes, à la partie interne du mollet et aux cuisses ou bien bains de pieds rendus très excitants au moyen de l'eau bouillante, du vinaigre, de cendre ou de moutarde; appliquer sur la tête des compresses imbibées d'eau froide ou de glace pilée.

Ces premiers soins terminés, si le médecin n'est pas arrivé, sangsues à l'anus et continuation du traitement.

SAIGNEMENT DE NEZ

Tenir la tête élevée, glace ou eau froide sur le front et à la nuque; bains de pieds irritants (si l'on est à jeun), injections nasales avec de l'eau froide vinaigrée ou additionnée d'un peu de perchlorure de fer; au besoin tamponner le nez avec de la ouate trempée dans une solution composée de moitié eau, moitié perchlorure de fer.

REMÈDE CONTRE LA MORSURE DES VIPÈRES

Commencez par lier en serrant fortement le membre atteint au-dessus de la morsure; c'est-à-dire que la ligature doit se trouver entre la plaie et le cœur. Agrandissez cette plaie au moyen d'une incision et sucez-la si vous n'avez aucun moyen d'y poser une ventouse, mais à condition de n'avoir aucune écorchure à la bouche. Cela fait, vous la cautériserez avec un fer rougi à blanc ou avec du vitriol ou même de l'ammoniaque liquide. Il faut soutenir les forces au moyen de boissons aroma-tiques chaudes.

TRAITEMENT CONTRE LE CHOLÉRA

Les attaques de choléra asiatique sont quelquefois si soudaines et si terribles que dans certaines localités éloignées du médecin, il est utile de faire connaître un traitement qui a donné de bons résultats aux médecins de la marine pendant l'épidémie de Cochinchine et que rapporte le docteur Ch. Avezou.

On couvre d'abord le malade de couvertures de laine, on lui applique des sinapismes aux membres, on l'entoure de bouteilles d'eau chaude sous les couvertures et l'on combat les crampes par des frictions excitantes à l'alcool camphré.

La boisson est le thé bien chaud additionné d'une quantité notable de rhum ou de bonne eau-de-vie (60 à 80 grammes par litre). On utilise également le vin chaud à la cannelle, les vins généreux. Enfin presque tous les médecins prescrivent une potion ainsi formulée :

Potion.

Chloroforme	1 gramme.
Laudanum.	1 —
Eau-de-vie ou rhum . .	8 —
Acétate d'ammoniaque. .	10 grammes.

Sucre . . . . 25 grammes.
Eau 120   —

A prendre par cuillerée toutes les demi-heures. Il faut employer successivement tous ces moyens sans perdre de temps, dès le début de la maladie, jusqu'au retour de la chaleur à la peau.

Ne pas manquer également de désinfecter les déjections du malade, de quelque nature qu'elles soient, au moyen d'une forte solution de sulfate de cuivre. Il faut faire du feu dans les cheminées et les personnes qui soignent le malade doivent, sans s'affecter outre mesure, éviter les crudités et suivre strictement les règles de l'hygiène.

REMÈDES CONTRE LES PLAIES RECENTES

Les paysans, les sauvages, en un mot, les hommes qui vivent près de la nature et loin des soins de la médecine ont dû empiriquement trouver des herbes ou des ingrédients faciles à se procurer et qui puissent leur être d'un secours efficace et immédiat contre les plaies accidentelles. Voici plusieurs remèdes les plus employés dans nos campagnes.

Pour arrêter l'hémorragie d'une plaie, faites un cataplasme avec des poudres d'aloès, de sang-de-dragon, de bol d'Arménie et des blancs d'œufs; mêlez tous ces ingrédients et mettez-les sur la plaie.

On sait qu'aujourd'hui, lorsqu'on est près d'un pharmacien, le meilleur remède pour arrêter une hémorragie est l'emploi du perchlorure de fer.

Moyen pour guérir les plaies récentes.

Prenez une poignée de feuilles fraîches de mauves et une poignée de feuilles de saule, pilez ces feuilles dans un mortier, exprimez-en le jus sur la plaie avec un linge bien propre.

Autre moyen.

Il faut prendre du baume de jardin, de la grande et de la petite consoude et un peu de sel gris bien net. Pilez le tout ensemble et appliquez-le sur la plaie.

RECETTE D'UN EXCELLENT TAFFETAS D'ANGLETERRE

On met 31 grammes de colle de poisson dan[s] 62 grammes de vinaigre ; après que la colle est bien fondue, on la fait bouillir jusqu'à réduction de moitié ; ensuite on y ajoute 30 grammes d'essence de girofle. On enduit le taffetas tendu, avec un pinceau, de trois ou quatre couches de ce mélange.

Ce taffetas, on le sait, se met sur les coupures.

BAINS ORDINAIRES

Le bain ordinaire, celui qui est prescrit sans indication spéciale, se donne à une température de 26° à 30° centigrades. Au-dessus et au-dessous de ces limites, les bains sont dits chauds et froids.

On doit pour la santé, comme pour la propreté, prendre au moins un bain par semaine, mais il est inutile d'y rester plus d'une demi-heure. Les bains trop longs fatiguent et affaiblissent.

On se procure à domicile un succédané du bain

de mer en jetant dans la baignoire de 300 à 400 grammes de sel gris.

BAINS DE BARÈGE

Pour un bain ordinaire :
Monosulfure de sodium cristallisé. 60 gramm.
Chlorure de sodium sec . . . . 60 —
Carbonate de soude desséché . . 30 —
Bien mêler avant d'entrer dans le bain.

BAINS DE PIEDS

Pour produire l'effet que l'on se propose, la dérivation du sang vers les membres inférieurs, le bain de pieds doit être chaud, mais on ne fait supporter cette température élevée, par les enfants surtout, qu'à condition de procéder par degrés et de réchauffer peu à peu l'eau dans laquelle les pieds sont plongés. Il est bon d'envelopper le bain et les jambes dans une couverture formant cloche, afin de diminuer la déperdition de chaleur.

CATAPLASMES

Le cataplasme est destiné à former une sorte de bain local, il doit être assez souple pour se mouler sur les parties, assez épais pour conserver longtemps la chaleur et l'humidité sans que son poids soit une cause de douleur. La base du cataplasme est d'ordinaire la farine de graine de lin, dont on obtient, par décoction, une pâte souple et bien liée, de la consistance d'une bouillie très épaisse. On verse cette bouillie très chaude sur un linge dans lequel on la roule un peu pour lui donner la forme convenable, on la recouvre de gaze ou de la tarlatane, et, après en avoir éprouvé la température avec la joue ou le dessus de la main, on l'applique en relevant les bords du linge de manière qu'il conserve sa forme. Une toile cirée placée dessus conserve la chaleur et préserve de l'humidité les vêtements ou les draps. Un cataplasme doit avoir environ deux à trois centimètres d'épaisseur. A défaut de graine de lin, on peut employer la mie de pain, la farine de blé, de seigle, la pulpe de carotte, etc., etc. Le cataplasme simple n'agissant que par sa chaleur humide, il faut le renouveler fréquemment.

SINAPISMES

Préparez avec de la farine de moutarde et de l'eau pure une bouillie que vous laissez bouillir quelques instants ; formez-en cataplasme mince que vous appliquez à nu sur la peau.

Un cataplasme sinapisé est simplement saupoudré de farine de moutarde et appliqué tiède, recouvert d'une mousseline. Le papier sinapisé, d'un emploi très commode, se plonge simplement dans l'eau tiède avant de l'appliquer.

Il faut surveiller l'effet des sinapismes, les déplacer lorsqu'ils ont produit une rougeur vive et modérée. Sur les jeunes enfants, une application de trois à six minutes est suffisante : trop prolongée, elle pourrait causer des convulsions.

VENTOUSES

Lorsqu'on ne peut pas se procurer de sangsues, on supplée à leur emploi au moyen de ventouses scarifiées. Pour cela, pratiquez dans l'épaisseur de la peau avec un bistouri, un rasoir, et mieux avec instrument spécial nommé scarificateur, quelques petites incisions. Ensuite prenez un verre à boire, coupez une rondelle de linge un peu plus petite que son contour, humectez-la et placez-la sur les incisions ; posez dessus un peu de papier mince froissé, allumez-le et recouvrez-le vivement avec le verre, dont les bords doivent s'appliquer hermétiquement sur la peau. L'air contenu dans le verre se trouvant raréfié par la combustion, la peau incisée s'élève et fait saillie dans ce vide partiel qui agit comme le ferait une pompe aspirante et le sang coule des petites blessures. Lorsque l'on se propose de produire un simple afflux de sang à la surface, on ne pratique pas d'incisions, et l'on procède pour le reste de la même manière : c'est la ventouse sèche.

PREMIERS SOINS A DONNER AUX PETITS ENFANTS

C'est au docteur Dibot, un savant spécialiste, que nous sommes redevables de ces conseils que les jeunes mères feront bien de méditer.

Une femme doit nourrir son enfant quand elle est d'une bonne santé, et qu'il n'y a point, dans ses ascendants ou collatéraux directs de parents scrofuleux, phtisiques ou cancéreux.

On rencontre pourtant des mères qui sont d'une bonne constitution et qui ne peuvent nourrir parce que les seins sont mal formés, le lait peu abondant et d'autres chez lesquelles la moindre impression vient altérer et même tarir cette sécrétion.

La mère qui veut nourrir, doit commencer à donner le sein six ou huit heures après l'accouchement, elle le donnera à des intervalles réglés, toutes les deux heures pendant le jour; mis au sein trop souvent, les enfants prennent du lait séreux, peu nourrissant et qui leur donne des indigestions et la diarrhée.

Entre onze heures du soir et six ou sept heures du matin, il ne faut donner qu'une seule fois le sein afin de laisser à la mère le temps de se reposer. Dans les premiers jours, l'enfant s'habitue difficilement à ce régime; il crie, mais bientôt il ne se réveille plus qu'à ses heures de repas.

Le lait doit être l'aliment exclusif des enfants pendant les trois ou quatre premiers mois de la naissance. On peut, à partir de cette époque, leur donner à sucer une croûte de pain et leur présenter à boire un peu d'eau rougie sucrée. Après cinq mois, on leur fera prendre du lait de vache et de petits potages au maigre, des bouillies, etc. Les aliments gras ne conviennent guère aux enfants que vers la fin de la première année. Quand les

jeunes bébés peuvent manger et qu'on veut introduire une modification dans le régime.de l'allaitement par la nourrice, il faut donner d'abord un
seul potage au milieu du jour; puis à sept mois
deux par jour, un matin et soir; enfin, à dix mois
on peut donner trois petits potages. Vers dix à
douze mois, on présentera du pain trempé dans le
jus de viande, un os à sucer, un œuf, de la purée
de pommes de terre, etc.

Éviter avec soin les pâtisseries pendant toute la
durée de l'allaitement, elles sont lourdes et indi-
gestes.

L'époque du sevrage doit être fixée entre le douzième et le vingtième mois. On choisira, pour cela,
une des époques du repos de la dentition, après la
sortie de la douzième ou de la seizième dent.

On commencera le sevrage en cessant de donner
à téter pendant la nuit et, après quelques semaines,
on suspendra aussi l'allaitement pendant le jour.

La promenade au grand air et l'action du soleil
sont nécessaires aux enfants de tout âge.

Les jeunes enfants seront lavés tous les jours à
l'eau tiède, et, par suite de l'habitude, à l'eau
presque froide.

On aura soin de laver la tête et de la dépouiller
des saletés qui peuvent la couvrir.

REMÈDE CONTRE LES CROUTES DE LAIT

Cette maladie commune chez les petits enfants et que les nourrices ont le tort de considérer comme un travail utile de la nature est heureusement combattue par le remède suivant :

On fait macérer pendant la nuit 4 à 8 grammes de pensée sauvage sèche dans un quart de litre d'eau chaude. Le matin on fait bouillir et l'on coupe avec le quart de cette quantité de lait sucré. Administrer à jeun pendant deux ou trois semaines.

CONVULSIONS DES ENFANTS

Voici un moyen que l'on fera bien de ne pas employer sans consulter son médecin, mais que nous avons toujours vu réussir, surtout comme traitement préventif.

D'abord et avant tout, avoir soin que l'enfant habite une pièce aérée, soit promené fréquemment et prenne chaque jour un bain.

Ensuite on confectionne de petites manches en

5.

flanelle, à la taille de l'enfant et ne descendant pas au-dessous du coude. Elles sont maintenues ensemble au moyen d'un ruban de fil assez large qui passe devant la poitrine. La flanelle doit être neuve.

On trempe ces petites manches dans de l'eau aussi chaude qu'on peut la supporter, on les presse rapidement pour en faire sortir l'eau et on les plonge encore chaudes dans une soucoupe où l'on a mélangé la moitié d'un jus de citron et quelques gouttes de laudanum de Sydenham ; la quantité de laudanum sera indiquée par le médecin, suivant l'âge de l'enfant.

***

RECETTE POUR EMPÊCHER LES ENFANTS DE SE RONGER LES ONGLES

Faites une forte décoction de coloquinte (*cucumis colocynthis*) dans laquelle, après lui avoir lavé les mains, vous tremperez l'extrémité des doigts de l'enfant. Il est bon que le liquide soit au moins tiède. L'amertume de cette décoction déshabituera l'enfant de mettre ses doigts dans sa bouche.

EMPLATRE POUR LES MAUX DE SEIN

Ce remède se trouve dans le très rare et très curieux ouvrage du curé Noël Chomel (Paris, 1740), et il est excellent.

« Il faut prendre une chopine de bon vin, une demi-douzaine de jaunes d'œufs et une livre de miel de bonne qualité, battre le tout dans une chaudière pour le faire bouillir doucement, de peur qu'il ne déborde, le remuant continuellement, de crainte qu'il ne s'attache au fond. Il faut le faire bouillir jusqu'à ce qu'il soit venu en consistance de cotignac (gelée) ; ce qui, au moins, dure une heure entière.

« Pour s'en servir, il faut faire un emplâtre assez épais sur un morceau de papier brouillard, que vous appliquerez sur le sein, lorsque vous voyez qu'il est près de percer. Ce remède l'ouvre en peu de temps et le guérit en très peu de jours. Lorsqu'il est percé, on ne met point d'autre remède que celui-là, mais on le renouvelle en faisant d'autres emplâtres. Il faut les faire servir jusqu'à ce qu'il n'y ait plus de cet onguent sur le papier, On l'essuie seulement tous les jours et on le remet sur le mal jusqu'à guérison. »

TRAITEMENT BANTING POUR DIMINUER L'OBÉSITÉ

A déjeuner, 4 ou 5 onces de bœuf, ou mouton, ou rognon, ou poisson grillé, ou lard, ou viande froide de toute sorte, à l'exception du porc frais ; une grande tasse de thé, sans sucre ni lait, un petit biscuit ou une once de pain rôti.

« A dîner, 5 ou 6 onces de poisson (pas de saumon) ou de viande (pas de porc frais), toute espèce de légumes (pas de pommes de terre) ; une once de pain grillé, le fruit d'une tarte, mais sans pâtisserie, volaille, gibier, deux ou trois verres de bon bordeaux, xérès ou madère, — champagne, porto ou bière défendus.

« Au thé, 2 ou 3 onces de fruit, une once de pain rôti, une tasse de thé sans sucre ni lait.

« Au souper, 3 ou 4 onces de viande ou poisson, comme pour le dîner, avec un verre ou deux verres de Bordeaux. Avant de se coucher, si on en sent le besoin, un verre de bordeaux ou xérès.

Le docteur Gazenave a fait au sujet du traitetement Banting les réflexions suivantes :

« On comprend d'ailleurs qu'il soit modifiable suivant les habitudes, et un peu suivant la force et la santé des individus. Ainsi ces quatre repas dont on a plaisanté, et qui sont le fait des coutumes anglaises, peuvent parfaitement être ramenés au nombre qui nous est habituel. Le point important, c'est leur régularité et leur composition. Quant à être dangereux, comme on l'a dit, je ne le crois pas. Il est clair qu'il doit être suivi avec une sévérité plus ou moins rigoureuse, suivant la force et la tolérance des individus, et enfin qu'il faut l'employer avec discernement, et ne pas compromettre gravement la santé pour se débarrasser d'un excès d'embonpoint. J'ajouterai que j'ai vu plusieurs personnes à qui il avait parfaitement réussi, sans déterminer aucun accident. »

On a parlé aussi de massages répétés comme d'un moyen excellent de combattre l'embonpoint. Mais il est permis de douter de l'efficacité de ce traitement qui n'a pas toujours donné les résultats qu'on en attendait.

RECETTE CONTRE LE MAL DE MER

Le Dr Garraud, auteur du *Journal humoristique d'un médecin phtisique*, croit avoir découvert un moyen nouveau qui mérite quelque publicité. Je donne son récit que le lecteur appréciera. Il s'agit d'une traversée de France en Algérie.

« Vers minuit, comme le mal de mer persistait, j'eus recours à une injection hypodermique d'un centigramme de chlorhydrate de morphine. Au bout d'un quart d'heure, le sommeil était venu, sommeil qui fut interrompu deux à trois fois dans la nuit, sans que le mal de mer revînt ;. le bienfait de la morphine se fit sentir jusque dans la matinée. Comme il faisait très beau, ces dames restèrent sur le pont une grande partie de la journée, où elles purent même manger un peu. Mais dès qu'elles furent descendues dans leur cabine, le mal de mer revint plus violent que jamais. J'eus aussitôt recours, pour ma femme et pour ma nièce, à une injection de chlorhydrate de morphine d'un centigramme ; le résultat fut aussi instantané et aussi satisfaisant que la veille. Cependant, vers le milieu de la nuit, ma femme se réveilla, et l'action de se remuer amena chez elle un effort de vomissement. Ce fut tout ; le sommeil prit le dessus, et le reste de la nuit se passa sans aucun accident. « Je ne sais si ce moyen a été employé. En tous cas, je ne le connaissais pas, et j'invite mes confrères qui me liront à l'essayer à l'occasion. Les injections hypodermiques de morphine sont sans danger, pourvu que l'on ne dépasse pas une certaine dose. Il sera curieux d'étudier, dans ces cas, l'effet de la morphine sur l'action de vomir ; car fort souvent la morphine en injection hypodermique provoque le vomissement, à ce point que, dernièrement, le professeur Luton, de Reims, la préconisait en injection comme excellent vomitif dans les indigestions, dans les cas où l'administration d'un vomitif par la bouche était impossible.

« Peu importe que le succès soit dû au sommeil provoqué ou à une action spéciale de la morphine sur le pneumogastrique, on ne doit considérer ici que le résultat obtenu. Ce qu'il y a de certain, c'est que la morphine a donné un sommeil excellent et prolongé, que, pendant tout ce temps, il n'y a eu aucun signe de mal de mer. Si je dois croire tous ceux qui ont eu le mal de mer, et qui en parlent de la façon qu'on sait, combien seraient-ils heureux d'être maintenus plusieurs jours dans un sommeil complet et de débarquer sans connaître ce mal tant redouté ! Tous les paquebots ont maintenant un médecin à bord ; c'est aux médecins qu'il appartient d'étudier et de résoudre cette question. Du reste, il n'y a qu'eux qui puissent se servir avec intelligence et sans danger des injections hypodermiques.

« Le 22 avril, j'ai fait retour d'Alger à Marseille, en trente-trois heures. La mer a été un peu dure et presque tous les passagers ont été malades. Ma femme et ma nièce n'ont pas manqué à leur habitude, et dès leur arrivée sur le bateau, il a fallu qu'elles se mettent au lit. Sous l'influence de deux injections de chlorhydrate de morphine d'un centigramme chaque, les vomissements ont fait place au sommeil, et elles sont arrivées à Marseille presque sans s'en douter. Quand elles se réveillaient par instant, la nausée revenait, si elles faisaient quelque mouvement, mais c'était peu de chose et le sommeil les reprenait presque aussitôt.

« Voilà donc deux observations bien concluantes. C'est à mes confrères qui s'embarqueront, ou à ceux des steamers, de continuer ces expériences et d'assigner à ce moyen sa valeur réelle. »

RECETTE DE LA THÉRIAQUE

Bien que ce remède appartienne à la vieille pharmacopée et ne soit plus guère en usage, nous le donnons cependant à titre de curiosité, d'après l'abbé Chomel :

« Prenez une vipère, de laquelle vous couperez la tête et l'extrémité de la queue ; enfin vous l'écorcherez et vous jetterez la peau, la tête, la queue et les intestins ; vous réserverez le foie et le cœur dont vous viderez le sang, après avoir coupé tous les vaisseaux qui y sont attachés et qui sont inutiles. Pilez la chair, les os, le cœur et le foie dans un mortier. Faites tellement sécher le tout à une chaleur modérée, qu'on puisse le broyer et le mettre en poudre. Vous pouvez vous servir de la chaleur du four, quelque temps après qu'on a retiré le pain. Vous prendrez trois fois autant de bon miel que vous aurez de poudre ; vous jetterez le miel dans une quantité raisonnable d'eau, que vous ferez bouillir dans une poêle ou un poêlon, pendant un bon quart d'heure, en remuant toujours afin que rien ne brûle. Enfin vous écumerez le tout et le passerez par un linge. Après cela, vous remettrez dans le même poêlon ce qui aura été passé, et quand il aura jeté quelques bouillons, en sorte qu'il ne reste plus trop d'eau, vous y jetterez la poudre de vipère, que vous laisserez bouillir pendant une demi-heure ou environ, ayant soin de remuer toujours ; quand la thériaque sera assez épaisse, il faudra la retirer de dessus le feu et la laisser refroidir en la remuant toujours jusqu'à ce qu'elle n'ait plus de chaleur. De cette manière le tout sera bien mêlé.

« Cette thériaque est fort bonne contre la peste, les fièvres malignes et le dévoiement. On en prend gros comme une noisette et on boit ensuite trois doigts de vin pur. L'eau-de-vie est meilleure pour le dévoiement. Ce remède agit en provoquant la sueur et en fortifiant le cœur. »

RECETTES

DE TOILETTE ET DE PARFUMERIE

EAU DE COLOGNE

Pour six litres d'alcool de vin à 35° :

Essence de néroli	. . .	4 grammes.
— bergamote.	. 35	—
— cannelle	. . 2	—
— citron	. . 31	—
— romarin	. . 4	—
— benjoin.	. . 4	—
— thym	. . 2	—

Il est d'une grande importance d'employer l'alcool de vin qui contient de l'éther œnanthique, dont l'odeur se marie admirablement avec les essences. C'est ce qui fait la supériorité des eaux de Cologne françaises sur celle de l'Allemagne.

Mettez les essences dans le bocal renfermant l'esprit-de-vin et laissez le tout bien bouché exposé au soleil pendant un mois. On filtre ensuite au papier joseph, on bouche de nouveau et on laisse quinze jours.

VINAIGRE AROMATIQUE

Ce vinaigre de toilette est très hygiénique.

Eau	1,075	grammes.
Alcool de Montpellier.	738	—
Essence de bergamote.	8	—
— citron. .	8	—
— Portugal .	3	—
— romarin .	6	—
— lavande .	1	—
— néroli. .	1	—
Alcoolat de mélisse. .	125	—

Agitez après avoir mélangé, puis, après avoir laissé la mixture en repos pendant vingt-quatre heures, ajoutez :

Teinture de benjoin,	15	grammes.
— tolu .	15	—
— storax.	15	—
— girofle .	15	—

Agitez ensuite, puis ajoutez 500 grammes de vinaigre distillé. Filtrez dans un cornet de papier gris posé sur un entonnoir. Ceux de verre sont

préférables. Après douze heures, ajoutez 20 gr.
de vinaigre radical.

VINAIGRE AROMATIQUE

Excellent préservatif dans les lieux contaminés
en temps d'épidémie. Sentir très fréquemment le
flacon qui le contient.

Acide acétique cristallisable .   226 grammes.
Essence de lavande anglaise.   3 gr. 54 cent.
— romarin. . . .   1   77
— girofle   2   77
Camphre . . . .   28 grammes.

Faites dissoudre d'abord le camphre pilé dans
l'acide acétique, puis ajoutez les essences ; après
avoir laissé le tout ensemble pendant quelques jours,
en remuant de temps en temps, on peut le passer
et s'en servir.

VINAIGRE A LA ROSE

Mêmes propriétés, mais moins puissantes.
Acide acétique concentré.   28 grammes.
Essence de rose.   .   .   .   0 gr. 88 cent.
Mêlez bien.

VINAIGRE VIRGINAL POUR LA TOILETTE

Mêlez du vinaigre blanc et du benjoin pulvérisé par parties égales en poids. Faites macérer huit jours et filtrez. Versé dans l'eau par petite quantité, ce vinaigre la rend laiteuse.

EAU DE PORTUGAL

Alcool de vin rectifié. . . .   1 litre.
Essence d'écorce d'orange . . 50 grammes.
   —   de zeste de citron . . 12   —
   —   de rose   2   —
   —   de bergamote   7   —
Mettre dans un flacon bien sec.

EXTRAIT DE VERVEINE

Pour un demi-litre d'esprit-de-vin rectifié.
Essence de verveine. . . .   5 grammes.
   —   d'écorce d'orange. . 56   —
   —   d'écorce de citron. . 14   —

EAU-DE-VIE DE LAVANDE

Fort hygiénique pour la toilette et dans les bains.
Pour trois litres et demi d'alcool rectifié :

Essence de lavande . . . 115 grammes
Eau de rose . . . . . 60 centilitres.

Mélanger comme pour l'eau de Cologne, laisser reposer, puis filtrer au papier joseph.

VINAIGRE BENZOIQUE

Pour les soins de la toilette intime.

Vinaigre blanc très pur. . . 250 grammes.
Poudre de benjoin. . . . . 250 —

Mêlez, laissez reposer quinze jours et filtrer au papier joseph.

POUDRE DENTIFRICE CHARLARD

Crème de tartre . . . . . 150 grammes.
Alun calciné. . . . . . . 10 —
Cochenille. . . . . . . 8 —
Essence de rose. . . . . 6 gouttes.

Mêlez et porphyrisez. Dans quelques formules, on indique le charbon comme faisant partie de cette poudre.

POUDRE DENTIFRICE ALCALINE

Talc de Venise. . . . 120 grammes.
Bi-carbonate de soude . 30 —
Carmin . . . . 50 centigrammes.
Essence de menthe . . 6 gouttes.

POUDRE DENTIFRICE ANGLAISE

Craie blanche. . . . . 300 grammes.
Camphre pulvérisé. . . 100 —
Conservez en flacons bien bouchés.

POUDRE DENTIFRICE AU QUINQUINA ET AU CHARBON

Quinquina rouge. . . . 125 grammes.
Charbon végétal . . . . 125 —
Mêlez intimement ces deux éléments pulvérisés et tamisez.

POUDRE AU QUININE

Craie précipitée . . . . . 125 grammes.
Amidon pulvérisé. . . . . 62 —
Poudre d'iris . . . . . . 62 —
Sulfate de quinine . . . . 50 centigr.
Mêlez et passez au tamis.

POUDRE AU CAMPHRE

Craie précipitée . . . . . 125 grammes.
Racine d'iris pulvérisé . . . 62 —
Camphre pulvérisée . . . . 30 —

Mêlez et passez au tamis. Mettre dans un flacon et bien boucher.

POUDRE DENTIFRICE POUR LA CONSERVATION DES DENTS

Faites brûler des croûtes de pain, réduisez-les ensuite en poudre, au moyen d'un pilon : passez ensuite cette poudre dans un papier piqué avec une fine épingle ; pressez-la bien sur le papier, pour que toute la poudre fine passe ; préparez de même un morceau de sucre, c'est-à-dire pilez-le et passez-en la poudre fine au tamis de soie, ou dans ce tamis de papier ; pesez quatre gros de poudre de pain, une demi-once de poudre de sucre, mélangez bien ces doses, et ajoutez-y deux grains de sulfate de quinine (la plus pure du kina); mettez ces subs-tances dans une boîte bien fermée, après que vous les aurez bien mêlées ensemble, et vous vous en servirez sur une brosse à dents, légèrement humectée.

AUTRE POUDRE POUR LES DENTS ET GENCIVES

Mêlez : Sucre tamisé, une demi-once [1];
   Kina gris en poudre, deux gros [2];
   Crême de tartre, un gros;
   Charbon en poudre, extrêmement fine, quatre gros;
   Cannelle, douze grains.

Cette poudre est indiquée avec raison comme la meilleure, par Cadet-Gassicourt. Le kina raffermit les gencives; le sucre et la crème de tartre, l'un par le frottement, l'autre par son acide, nettoient très bien les dents. Quant au charbon, tout le monde connaît ses effets anti-putrides. On pourrait avantageusement substituer au kina deux grains de sulfate de quinine et ajouter deux grains de magnésie.

1. L'once vaut de 31 à 32 grammes.
2. Le gros vaut 4 grammes.

ÉLIXIR DENTIFRICE AU QUINQUINA

Faites macérer pendant vingt-quatre heures 63 grammes de quinquina rouge pulvérisé dans un litre d'alcool de Montpellier. Remuez souvent, puis passez et filtrez. Ensuite ajoutez 4 grammes d'essence de menthe.

EAU DITE DE BOTOT

Anis vert	32 grammes
Cannelle de Ceylan. . .	8 —
Girofle.	50 centigr.
Cochenille.	2 grammes

Pilez le tout ensemble et faites macérer dans un kilogrammes d'alcool de vin à 80°. Après quinze jours, ajoutez 2 grammes d'essence de menthe et filtrez.

LOTION POUR LES CHEVEUX

Mettez vingt grammes de sauge à petites feuilles dans un vase fermant hermétiquement. Versez sur les feuilles 80 centilitres d'eau bouillante et laissez infuser cinq heures.

Filtrez au papier joseph dans un flacon de la contenance d'un litre, dans lequel vous aurez préalablement versé 20 centilitres de bon rhum. Agitez ce mélange et bouchez le flacon avec soin.

On peut s'en servir dès le lendemain. On en met la valeur d'une cuillerée à bouche à la fois et on l'étend sur les cheveux avec une petite éponge. On peut en mettre deux fois par jour.

Autre lotion.

Eau de rose. . . .	1 litre 25 cent.
Alcool de vin . . .	14 centilitres
Bois de Sassafras . .	32 grammes
Bois de Panama . .	32 —

Faire bouillir les deux bols dans l'eau de rose, laisser refroidir, puis ajouter l'alcool, mêler et filtrer. Il faut se servir d'un vaisseau de porcelaine allant au feu.

LOTION POUR FAVORISER LA CROISSANCE DES CHEVEUX

Ammoniaque liquide. .	1 gramme 18 cent.	
Essence d'amande amère.	1 —	18 —
Esprit de romarin. . .	9 —	11 —
Essence de macis. . .	» —	30 —
Eau de rose.	25 —	» —

Mêler l'essence d'amande amère avec l'ammoniaque, puis ajouter l'essence de macis à l'esprit de romarin et remuer ce nouveau mélange avec le premier. Verser ensuite l'eau de rose peu à peu.

On s'en sert le matin au moment de la toilette.

On préconise également pour le même emploi le simple mélange de l'eau et de l'arnica dans les proportions de 5 gouttes d'arnica pour une cuillerée d'eau.

HUILE ANTIQUE POUR LES CHEVEUX

Huile de ricin   .   .   .   125 grammes.
Alcool de vin   250   —
Essence de bergamote   .   2   —
    —   neroli .   .   .   2   —
Mêlez.

POMMADE CONTRE LA CHUTE DES CHEVEUX

Moëlle de bœuf .   .   .   .   60 grammes.
Huile de cade.   2   —   30 cent.
Essence de bergamote .   .   10 gouttes.
Suc de citron.   .   .   .   .   4 grammes.
Extrait de quinquina   .   .   8   —
Teinture de cantharides .   4   —

POMMADE A LA MOELLE DE BŒUF

Les personnes qui ont les cheveux secs feront bien d'user de pommade, mais en petite quantité. La meilleure est la pommade à la moelle de bœuf, surtout lorsqu'on la fait soi-même ou qu'on la fait exécuter soi-même par un pharmacien selon la recette suivante :

Moelle de bœuf.	350 grammes.
Axonge (saindoux préparé sans sel).	250 —
Huile de noisette ou d'olive. .	30 —
Cire vierge, 30 gr. en hiver et en été.	50 —
Jus d'un citron.	

Mettez sur un bon feu de réchaud un vase aux trois quarts rempli d'eau. Lorsqu'elle est chaude, placez-y un second vase ce qui constitue le bain-marie. Dans ce dernier, faites fondre d'abord la cire vierge et ajoutez-y, lorsqu'elle est dissoute, d'abord la moelle de bœuf bien nette et coupée très mince, puis l'axonge et l'huile. Lorsque ces substances sont bien mêlées et liquéfiées, plongez le vase qui les contient dans l'eau froide; incorporez alors le jus de citron, et battez avec une spatule jusqu'à ce que la masse soit en consistance de crème.

On laisse la pommade dans cet état jusqu'au lendemain, pour la soumettre de nouveau au bain-marie et lorsqu'elle est bien fondue et très chaude, on la fait passer au travers d'un linge fin. Après cette opération, on la bat encore et, dès qu'elle commence à se figer, on la parfume avec 32 grammes de rhum véritable.

COLD CREAM

Crème froide contre les gerçures.

Blanc de baleine (spermacéti).	15 grammes.
Cire vierge.	10 —
Huiles d'amandes douces . .	65 —
Eau de rose	43 —

On fait fondre le blanc de baleine et la cire vierge concassées dans l'huile d'amandes douces au bain-marie. On remue le tout avec une fourchette d'argent ou argentée ou encore une spatule de bois neuve, et en ayant soin de tourner toujours dans le même sens. On s'arrête lorsque le tout forme une crème blanche. On la retire alors du bain-marie et l'on verse lentement l'eau de rose en tournant encore avec la fourchette ou la spatule jusqu'à ce que la crème soit froide. On peut alors la mettre en pot. Boucher avec soin.

Pendant le froid, pour éviter que les paupières rougissent et se rident, il est bon de les frotter le matin avec un peu de cold cream.

AUTRE POMMADE CONTRE LES GERÇURES

Beurre frais	125 grammes.
Cire vierge	30 —
Vin de Bourgogne rouge. .	1 petit verre.

Faire fondre la cire et le beurre dans un vase de porcelaine allant au feu. Ensuite faire chauffer le vin dans un vaisseau semblable et le mêler après avec le beurre et la cire, en laissant cuire vingt minutes. On laisse refroidir dans la casserole et on forme de cette pâte un pain que l'on gratte pour enlever l'écume.

On fait ensuite refondre, on écume et l'on met en pot.

PATE D'AMANDES AU MIEL

Cette pâte est spéciale pour adoucir les mains.

Amandes amères pulvérisées. 32 grammes.
Miel. 64   —
Un jaune d'œuf.
Huiles d'amandes douces . . 64   —
Essence de bergamote . . . 1 gr. 50
Essence de girofle . . . . 1 gr. 50

On doit broyer d'abord le miel et le jaune d'œuf ensemble, puis on ajoute peu à peu l'huile et en dernier les amandes.

PATE COSMETIQUE POUR LES MAINS

Farine de marrons d'Inde . 480 grammes.
Carbonate de potasse . . . 7   —
Amandes amères pulvérisées 360   —
Iris. 30   —
Essence de bergamote. . . 4   —

PATE COSMÉTIQUE SAVONNEUSE

pour les mains.

Savon blanc en poudre · .   360 grammes.
Carbonate de potasse . .   60   —
Pâte d'amandes   720   —
Essence de lavande . .   4   —
    —   citron . . .   50 cent.
    —   girofle . . .   50 cent.
    —   bergamote   .   2 grammes.
Mêlez exactement.

OPIAT A LA ROSE

contre les gerçures des lèvres.

Huile de rose . . . .   60 grammes.
Blanc de baleine . . .   14   —
Cire blanche.   14   —
Racine d'orcanète . . .   14   —
Essence de rose. . . .   2   —

Placez ensemble dans un vaisseau chauffé au bain-marie le blanc de baleine, la cire, l'huile de rose et la racine d'orcanète ; lorsque ces éléments sont fondus, laissez-les en cet état pendant cinq heures ; puis passez à travers une mousseline fine et ajoutez l'essence de rose avant le refroidissement.

PATE DE MARRONS

pour les mains.

La pâte de marrons écorcés, desséchés au feu et au soleil, et réduits en poudre fine par la trituration, remplace la pâte d'amandes. Il est facile de l'aromatiser.

BOUQUETS

Sans qu'on puisse la réduire à des règles précises, il y a une harmonie entre les odeurs comme il y en a une entre les sons ou les couleurs. C'est sur ce principe qu'est basée la composition des *bouquets* ou extraits pour le mouchoir. Ce principe reconnu par Piesse, a été admis par des savants, tels que F. Papillon, James Palon, Warren de la Rue, etc.

BOUQUET DE L'ALHAMBRA

Extrait de tubéreuse · · ·	56 centilitres.	
— géranium · · ·	28	—
— cassie · · · ·	14	—
— fleurs d'oranger ·	14	—
— civette. · · · ·	14	—

Mêlez et filtrez.

BOUQUET DU BOSPHORE

Extrait de cassie	56	centilitres.
—　　jasmin. . . .	28	—
—　　roses triples . .	28	—
—　　fleurs d'oranger .	28	—
—　　tubéreuse . . .	28	—
—　　civette. . . .	14	—
Essence d'amandes amères.	10	gouttes.

Mêlez et filtrez.

ESS-BOUQUET

Esprit de roses triples. .	56	centilitres.
Extrait d'ambre gris . .	36	grammes.
—　　d'iris	226	—
Essence de citron . . .	8	gouttes.
—　　de bergamote . .	28	—

Mêlez et filtrez.

FLEURS D'IRLANDE

Extrait de roses blanches   .   56 centilitres.
   — de vanille .   .   .   .   28 grammes.
Mêlez et filtrez.

FOIN COUPÉ

Extrait de fève de Tonka. 1 litre 13 centilitres.
   — géranium .   .   .   —   56   —
   — fleurs d'oranger .   —   56   —
   — roses .   .   .   .   ---   56   —
   — roses triples .   .   —   56   —
   — jasmin .   .   .   .   —   56   —
Mêlez et filtrez.

JOCKEY-CLUB

Esprit de roses (de pommade).   56 centilitres.
    —   tubéreuse . . .   56   —
    —   cassie   28   —
    —   jasmin.   . . .   42   —
Extrait de civette. . . .   85 grammes.
Mêlez et filtrez.

LAVANDE AUX MILLE FLEURS

Esprit de vin .   . . . .   56 centilitres.
Essence de lavande française 28 grammes.
Extrait d'ambre gris   . .   56   —
Mêlez et filtrez.

BOUQUET A LA MARÉCHALE

Esprit de roses triple . .	56	centilitres.
Extrait de fleurs d'oranger.	56	—
— de vétyver . . .	28	—
— de vanille . . .	28	—
— d'iris	28	—
— de fèves de Tonka .	28	—
Esprit de neroli	28	—
Extrait de musc	14	—
— ambre gris . . .	14	—
Essence de girofle . . .	88	centigr.
— de santal . . .	88	—

Mêlez et filtrez

VIOLETTE DES BOIS

Extrait de violettes		56 centilit.	
— d'iris	85 gr.	01 centigr.	
— de cassie	85 —	01	—
— de roses (de pommade).	85 —	01	—
Essence d'amandes . . .		3 gouttes.	

Mêlez et filtrez.

ESSENCES ÉCONOMIQUES OU ALCOOLATS

Voici quelques recettes dues au chimiste anglais Piesse et qui sont excellentes.

Bergamote.

Esprit de vin à 86°. . . . 56 centilitres.
Essence de bergamote . . 28 grammes.

Santal.

Esprit de vin à 86°. . . 56 centilitres.
Essence de santal . . . 28 grammes.

Lavande.

Esprit de vin à 86° . . . . 56 centilitres,
Essence de lavande française . 14 grammes.
— de bergamote . . . 14 —
— de girofle . . . . . 1 —

Citronnelle.

Esprit de vin à 86° . . .	56 centilitres.
Essence de citronnelle. .	7 grammes.
— de citron. . . .	14 —

Portugal.

Esprit de vin à 86° . . .	56 centilitres.
Essence de petit grain . .	7 grammes.
— d'écorce d'orange .	14 —

Filtrez ces mixtures après y avoir ajouté un peu de magnésie pour les rendre plus claires.

SACHETS

Les parfumeurs de France et d'Angleterre préparent un grand nombre de ces poudres, qui, mises dans des sachets de soie ou dans des enveloppes élégantes, trouvent un facile débouché. Ces sachets, qu'on aime à respirer, fournissent encore un moyen économique de communiquer une odeur

7.

agréable au linge et aux vêtements, quand on les
laisse dans les tiroirs.

SACHET A LA CASSIE

Sommités de fleurs de cassie 500 grammes.
Poudre d'iris 500   —

SACHET DE CHYPRE

Bois de rose pulvérisé.   .   500 grammes.
Bois de cèdre pulvérisé   .   500   —
Bois de santal pulvérisé .   500   —
Essence de bois de rose. .   6   —
Musc   2   —
Mêlez et tamisez.

SACHET A L'HÉLIOTROPE

Iris en poudre.	1,000	grammes.
Feuilles de roses en poudre	500	—
Fèves de Tonka en poudre.	250	—
Gousses de vanillon . . .	125	—
Musc en grains	10	—
Essence d'amande . . .	5	gouttes.

SACHET DE LAVANDE

Fleurs de lavande pulvérisées	500	grammes.
Benjoin en poudre . . .	125	—
Essence de lavande . . .	7	—

SACHET A LA MARÉCHALE

Poudre de bois de santal . .	250 grammes.
Poudre de racine d'iris . . .	250 —
Feuilles de roses pulvérisées .	125 —
Clous de girofle en poudre . .	125 —
Écorce de cassia (*laurus cassia*)	125 —
Musc en grains	88 —

SACHET DE MOUSSELINE

Vétyver en poudre . . .	500 grammes.
Bois de santal	250 —
Iris	250 —
Fleurs de cassie	250 —
Benjoin en poudre . . .	125 —
Essence de thym . . .	5 gouttes.
Essence de rose	88 grammes.

SACHET AUX MILLE FLEURS

Fleurs de lavande pulvérisées	500 grammes.	
Iris.	500	—
Feuilles de roses	500	—
Benjoin	500	—
Fèves de Tonka.	125	—
Vanille	125	—
Santal	125	—
Musc	3,54	—
Civette	3,54	—
Clous de girofle en poudre .	125	—
Cannelle	56,67	—
Piment Jamaïque	56,67	—

SACHET AU PORTUGAL

Écorce d'orange sèche . .	500 grammes.	
Écorce de citron	250	—
Racine d'iris	250	—
Essence d'écorce d'orange .	28,33	—
Essence de neroli. . . .	0,44	—
Essence de schœnanthe. .	0,44	—

SACHET A LA ROSE

Pétales de roses	500	grammes.
Bois de santal en poudre .	250	—
Bois de Rhodes en poudre.	500	—
Essence de rose	4	—

SACHET A LA VERVEINE

Écorce de citron séchée et pulvérisée	500	grammes.
Lemon thyme (*thymus serpyllum*)	125	—
Essence de verveine	1,77	—
Essence d'écorce de citron . .	14,16	—
Essence de bergamote . . .	28,33	—

SACHET A LA VIOLETTE

Fleurs de cassie . . .	1,000	grammes.
Pétales de roses	500	—
Poudre de racine d'iris .	1,000	—
Essence d'amandes amères	0,44	—
Musc en grains	1,77	—
Benjoin en poudre . . .	250	—

PEAU D'ESPAGNE

La peau d'Espagne est un cuir très parfumé que l'on prépare ainsi :

On prend de bons morceaux de peau de chamois ou de mouton chamoisé que l'on trempe dans un mélange d'essence où l'on a fait dissoudre quelques résines odorantes : essence de néroli, essences de rose, de santal, de chacune 14 ou 15 grammes, essences de lavande, de verveine, de bergamote, de chacune 7 ou 8 grammes ; essences de girofle, de cannelle, de chacune 3 ou 4 grammes, et toutes autres essences qu'on jugera convenables. Faites dissoudre environ 115 grammes de gomme benjoin dans 25 centilitres d'alcool que vous ajoutez aux essences, mettez alors la peau à tremper dans ce mélange pendant un jour ou deux, puis retirez-la et faites-en sortir tout le parfum inutile. Enfin, faites-la sécher en l'exposant à l'air.

On fait ensuite une pâte en pilant, dans un mortier, un ou deux grammes de civette avec une égale quantité de musc en grains et une solution de gomme adragante pour lui donner une consistance qui permette de l'étendre. Quelques gouttes de l'une des essences qui peuvent être restées du bain, mêlées à la civette sont très utiles pour donner au tout une consistance égale. On coupe la peau en morceaux d'environ 25 centimètres carrés et on l'enduit comme un emplâtre avec la composition qui vient d'être décrite; on réunit ensuite les deux morceaux, les côtés enduits l'un contre l'autre, on les met sous presse entre deux feuilles de papier et on les laisse sécher ainsi une semaine; enfin chaque double peau, qui reçoit maintenant le nom de peau d'Espagne, est enveloppée dans un fourreau de soie. Ces peaux exhalent très longtemps une odeur agréable et sont propres à parfumer le linge, les gants, le papier à lettres, etc.

BAIN AROMATIQUE

Essences aromatiques   .   1,000 grammes
Eau bouillante 12,000   —

Faites infuser, passez et ajoutez à l'eau du bain.
Les essences aromatiques le plus souvent employées sont l'eau de Cologne, l'eau-de-vie de
lavande et les autres alcoolats aromatiques.

TABLETTES DE CACHOU

L'emploi en est recommandé aux fumeurs et
pour purifier l'haleine. Cependant il ne faut pas en
faire abus.

Cachou pulvérisé. . . . 100 grammes
Sucre blanc pulvérisé. . . 400   —
Mucilage de gomme adragante 45   —

Faire une pâte de tout et séparer en tablettes de
50 centigrammes.

CACHOU A L'AMBRE GRIS

Prenez 60 gr. de cachou pulvérisé, 360 gr. de sucre blanc, et 40 centigrammes d'ambre gris. Mêlez avec une quantité suffisante de mucilage de gomme adragante, de façon à faire du tout une pâte que vous divisez en petites pastilles.

CACHOU A LA VANILLE

Prenez 90 gr. de cachou pulvérisé, 420 gr. de sucre en poudre, 2 grammes de cannelle pulvérisée, 5 gouttes d'essence d'anis et autant d'essence de cannelle, mélangez avec une quantité suffisante de mucilage de gomme adragante pour faire une pâte et divisez en pastilles comme ci-dessus.

PASTILLES ODORANTES

Ces pastilles conviennent parfaitement pour chasser la mauvaise odeur d'un appartement resté longtemps fermé ou infecté par des émanations désagréables.

Benjoin	60 grammes
Baume de Tolu.	8 —
Laudanum.	4 —
Santal citron.	15 —
Charbon de papier. . . .	190 —
Nitre. . . , ...	8 —

On prend une quantité suffisante de mucilage de gomme adragante pour former avec ces éléments une pâte. On en forme des petits cônes que l'on fait sécher à la température de l'appartement, soit 15 à 18° et, après les avoir posé sur la base, on les allume par le sommet.

RECETTES

D'ÉCONOMIE DOMESTIQUE

COULAGE DE LA LESSIVE

Quand on verse de l'eau bouillante sur des cendres de bois, on obtient un liquide légèrement roussâtre : c'est la *lessive*. Ce liquide, frotté entre les doigts, donne un toucher particulier, et possède une odeur spéciale; par l'évaporation, il donne un résidu appelé *salin*, ou potasse brute ou encore *potasse perlasse*. La potasse brute contient, outre le carbonate de potasse, du chlorure de potassium et du sulfate de potasse, de la silice, de l'oxide de fer, etc. Cette potasse a la propriété de dissoudre les corps gras : c'est à cause de cela que, dans les ménages, on s'en sert pour nettoyer le linge en coulant la lessive. Pour faire cette opération, on empile le linge sale, déjà mouillé, dans une grande cuve ou cuvier dont le fond est percé d'un trou bouché d'un bouchon de paille; le tout est recouvert d'un morceau de grosse toile appelé *cendrier* ; c'est sur cette toile que l'on étend une couche de cendres sur laquelle on verse ensuite de l'eau bouillante ; on reçoit la lessive dans une deuxième cuve pour la reverser ensuite un certain nombre de fois sur le cendrier.

BLANCHISSAGE AU RIZ

Ce mode de blanchissage, très usité en Espagne et dans l'Amérique du Sud, convient parfaitement pour les indiennes, étoffes de Perse et cretonnes. Pour employer cette recette avec succès, il ne faut pas que l'étoffe soit très sale.

Prenez un kilogramme de riz, faites-le bouillir dans huit litres d'eau, jusqu'à ce qu'elle devienne mucilagineuse : versez le tout dans un cuvier et, quand l'eau est descendue à une température assez modérée pour que vous puissiez y tenir la main, plongez-y les indiennes et lavez-les comme on ferait avec de l'eau de savon. Prenez ensuite la même quantité d'eau et de riz ; après l'ébullition, filtrez pour séparer le riz du liquide, et servez-vous de cette nouvelle eau pour laver les étoffes jusqu'à ce qu'elles soient bien nettes. Rincez-les ensuite avec l'eau dans laquelle le riz a bouilli, lissez-les avec la main, faites sécher et repassez.

SAVONNAGE DES SOIERIES BLANCHES, GAZES, TULLES DE SOIE, RUBANS, ETC.

Faites dissoudre dans de l'eau bouillante une quantité suffisante de savon blanc, joignez-y un peu d'eau gommée et quelques gouttes d'eau-de-vie ou d'eau de Cologne, quand cette eau est un peu refroidie, trempez-y alors l'étoffe de soie que vous voulez blanchir, frottez-la le moins possible, et lavez-la en la broyant et pressant souvent dans la main, que l'on rouvre aussitôt pour en chasser tout le liquide sans avoir besoin de la tordre, ce qui l'éraillerait. S'il le faut, répétez cette opération dans une seconde et même une troisième eau de savon : vous pouvez ne mettre la gomme et l'eau de Cologne que dans ce troisième bain; rincez ensuite dans l'eau tiède, puis dans l'eau froide. Si vous lavez de l'étoffe solide, telle que du taffetas, vous le brosserez, après l'avoir séché, avec une brosse douce, toujours dans le même sens; si vous opérez sur de la gaze, vous vous en dispenserez; mais tous ces objets demandent également le soufrage.

RECETTES POUR LAVER LA SOIE

Prenez une égale quantité de miel commun, de savon noir et d'eau-de-vie ; battez le tout ensemble, trempez dedans une brosse qui ne soit pas trop rude, et frottez la soie après l'avoir étendue sur une table. Quand vous croyez la crasse partie, prenez votre morceau de soie, et, le tenant déplié par les deux coins du haut, passez-le successivement dans trois eaux de puits dont vous avez rempli trois vases différents. Ne tordez ni ne pressez votre soie, mais secouez-la et attachez-la bien droit, avec des épingles, très près les unes des autres, sur un châssis de teinturier ou sur votre planche à repasser, que vous avez recouverte d'un linge, ou même sur un lit bien fait et bordé serré. Quand votre soie est sèche, si elle vous semble un peu ternie, frottez-la avec une flanelle fine et douce avant de la détendre, et vous verrez reparaître le lustre.

MANIÈRE DE RELEVER LES POILS DU VELOURS

Lorsque la pluie, ou quelqu'autre accident, a froissé et couché le poils du velours, on se sert du procédé suivant pour le relever. On place une platine de cuivre sur un gril garni de braise ; on recouvre cette platine d'un linge mouillé, et l'on étend le velours à l'envers sur le linge ; puis, avec une brosse douce, on relève délicatement le velouté. Les vapeurs de l'eau que la chaleur dégage du linge mouillé, rendent cette opération très facile. On peut remplacer la platine par un fer à repasser soutenu à plat entre deux briques, et la brosse par un peigne d'ivoire fin et neuf, il faut frotter et peigner à contre-poils. Quand on a enlevé des taches graisseuses de dessus le velours, il faut toujours finir par cette manipulation.

MOYEN POUR RENDRE L'EAU DE MER PROPRE
A LAVER LE LINGE

La soude mise dans l'eau de mer la rend trouble ; la chaux et la magnésie se précipitent au fond. Pour rendre l'eau de mer propre à laver le linge, il faut y mettre autant de soude qu'il est possible, non seulement afin d'effectuer une précipitation complète de ces terres, mais aussi pour rendre l'eau de la mer suffisamment lixivielle et alcaline. Il faut toujours se munir de soude à cet effet dans les voyages.

ENCRE POURPRE INDÉLÉBILE POUR LE LINGE

Première solution.

Carbonate de soude . . .	12 grammes
Gomme arabique	12 —
Eau	45 —

Deuxième solution.

Chlorure de platine . . . 4 grammes
Eau distillée . . . . . 64 —

Troisième solution.

Protochlorure d'étain . . 4 grammes
Eau distillée . . . . . 64 —

Tremper l'étoffe dans la première solution, faire sécher et écrire avec la deuxième solution ; *laisser* sécher et recouvrir les caractères avec la troisième solution.

La couleur pourpre apparaît de suite ; elle résiste au savon.

DES TACHES EN GENERAL

Il n'y a rien de plus odieux ni qui dénote mieux le désordre qu'une tache. Nous allons donc, avant de donner des recettes spéciales, traiter des généralités de cette question.

Les taches sont simples ou composées. Les premières s'enlèvent généralement avec une seule substance : savon, terres savonneuses, jaune d'œuf, fiel de bœuf purifié, essence de térébenthine, alcool et acide sulfureux.

Les taches composées, formées par l'action réunies de plusieurs substances, s'enlèvent en plusieurs fois avec des ingrédients différents. Ainsi le cambouis, composé de graisse et d'oxyde noir de fer, s'enlève en employant d'abord une des substances qui dissolvent les corps gras, telles que le savon, le fiel de bœuf et ensuite avec celles qui font disparaître l'oxyde de fer, comme la crême de tartre ou l'acide oxalique, qu'il ne faut pas confondre avec le sel d'oseille.

Les taches de vin, de liqueur, de fruits, tels que mûres, cerises, framboises, cassis, etc., s'enlèvent au moyen d'un savonnage à la main d'abord, puis en exposant la tache aux vapeurs de l'acide sulfureux. Mais cette dernière substance ne peut s'employer que pour les couleurs solides ou sur le blanc.

DES TACHES DE BOUE

Lorsque les taches de boue résistent à la brosse, il faut laver d'abord la tache en la savonnant légèrement à l'eau chaude et en faisant ensuite usage de crême de tartre pulvérisée.

DES TACHES DE GRAISSE

On peut enlever les taches de graisse sur la laine et sur la soie en appliquant un fer chaud, après avoir mis sur la tache un papier gris ou brun assez épais, qu'il faut changer tant qu'on le voit sali par la graisse, et l'on frotte ensuite avec un linge fin ; la tache disparaît promptement.

Si vous avez à ôter des taches de graisse sur du velours, ne faites point usage des procédés ci-dessus, mais prenez simplement de l'essence de citron bien rectifié, imbibez un peu de coton, et posez-le légèrement sur la tache, sans abaisser les soies, recommencez cinq ou six fois, et la tache disparaîtra ; ensuite vous brosserez comme d'ordinaire.

8.

Si les objets tachés ont une doublure, il est indispensable de la découdre avant d'employer aucun des moyens que nous venons d'indiquer.

DES TACHES DE BOUGIE

Pour enlever ces sortes de taches, sur toutes les étoffes, l'esprit-de-vin est ce qui convient le mieux ; il ne peut les altérer ni faire passer les couleurs, et il enlève la bougie sans en laisser aucune trace, pourvu qu'on frotte après avoir mouillé la tache. Si l'étoffe est en soie, il faut aller légèrement et frotter en dernier avec un linge fin jusqu'à ce que l'esprit-de-vin soit sec. Pour de la laine, une brosse suffit.

Autre moyen.

Grattez d'abord l'étoffe sous la tache, de façon à faire tomber la croûte de bougie, puis posez sur la tache un morceau de papier buvard ou de papier non collé et repassez avec un fer très chaud. Pour les petites taches, il suffira, après avoir gratté, comme il est dit ci-dessus, d'en approcher un morceau de charbon de bois bien allumé.

DES TACHES D'ENCRE

Pour le linge blanc, la meilleure manière d'enlever l'encre sans le brûler, c'est de faire fondre du suif, et d'y tremper deux ou trois fois l'objet taché en laissant figer le suif chaque fois, et on le lave ensuite comme l'ordinaire. Pour les indiennes, les mousselines de couleur, etc., si vous vous apercevez de la tache avant que l'encre soit sèche, mettez dessus une goutte de citron ou de vinaigre pur, frottez un peu et lavez promptement avec de l'eau, pour ne pas laisser de mordant à l'étoffe.

Si l'encre a séché et que les couleurs de votre étoffe soient bon teint, mettez de l'eau bouillante dans une petite tasse, étendez bien votre étoffe par dessus, en sorte que la seule vapeur de l'eau humecte votre tache, et mettez sur cette tache de l'acide oxalique pulvérisé; dès que vous le voyez fondu par la vapeur, frottez doucement avec le bout du doigt; aussitôt que la tache jaunit, prenez un peu de savon et de l'eau chaude, et lavez vite avant que l'acide ait mangé la couleur.

DES TACHES DE GOUDRON

Prenez de l'huile à brûler bien épurée, délayez la tache de goudron sur l'étoffe tachée, comme si vous vouliez laver la tache avec de l'huile. Ensuite, vous enlèverez l'huile avec un jaune d'œuf et de l'eau chaude.

SAVON A DÉTACHER

On fait dissoudre environ 30 grammes de savon blanc de Marseille dans 120 grammes d'esprit-de-vin. On mêle cette dissolution avec six jaunes d'œufs ; on ajoute 30 grammes d'essence de térébenthine que l'on mêle avec les autres ingrédients en remuant dans un mortier avec un pilon, ou en agitant fortement dans une bouteille. On incorpore à ce mélange une quantité suffisante de terre à foulon ou de terre de pipe, ou enfin d'argile blanche pour en former une pâte de la consistance du beurre ; on en fait des tablettes et on laisse sécher. Quand on veut en faire usage, on frotte la tache imbibée d'eau avec ce savon et on lave.

RECETTE DE LA PIERRE A DÉTACHER

Prenez de la terre glaise, dite terre à foulon, pour base de votre composition. Mêlez-y un quart de soude et un quart de savon blanc de Marseille. Vous broyez d'abord la soude avec le savon sur une plaque de marbre, en y ajoutant de l'eau, comme pour broyer des couleurs; vous y mêlerez ensuite la terre glaise et broierez une seconde fois le tout ensemble pour en faire un tout dont vous ferez de petits pains que vous laisserez sécher.

Quand vous voudrez vous en servir, grattez cette pierre avec un couteau de façon à en faire tomber la poussière sur la tache; en la frottant avec le doigt, vous la ferez pénétrer dans le drap ou dans l'étoffe, afin qu'elle puisse absorber l'huile ou la graisse qui forme tache. On l'y laisse quelque temps, après quoi, en frottant l'étoffe dans les mains et en la battant avec une baguette, la tache disparaîtra si elle n'est pas ancienne.

SAVON PROPRE A DÉTACHER

Rien n'est plus commode et plus économique que d'avoir une substance toujours prête pour ôter les taches qui viennent à se former. Une maison bien administrée doit toujours en être fournie. Sous ces deux points de vue, le savon dont je vais donner la recette, ne laissera rien à désirer. Comme on sait que le simple savonnage enlève, en tout ou en partie, les taches récentes, de quelque espèce qu'elles soient, graisseuses ou végétales, simples ou composées, on peut dire que ce savon agira efficacement sur toutes, même sur les plus anciennes. Il sera quelquefois nécessaire d'en faire suivre l'emploi par un petit soufrage, pour les taches de vin, fruits, café; mais seulement quand ces objets auront bien vieilli sur l'étoffe. Voici comme on doit pratiquer ce savon.

Prenez une livre de savon blanc de Marseille, six jaunes d'œufs (on connaît l'efficacité de cette substance contre la graisse) et une demi-cuillerée de sel pilé; incorporez le tout avec suffisante quantité de fiel de bœuf purifié. Formez-en des pains que vous mettrez sécher à l'ombre, et, pour vous en servir, vous mouillerez d'eau claire l'étoffe tachée, puis vous la frotterez des deux côtés avec ce

savon; vous laverez ensuite, et la tache sera enlevée.

Si vous le préfériez, vous pourrez frotter l'étoffe,
puis remettre encore une ou deux gouttes d'eau,
la tache aura disparu.

EAU POUR DÉTACHER

Cette eau, excellente pour enlever sur les étoffes
les taches de graisse, se prépare avec de l'essence
de térébenthine pure, de l'alcool rectifié et de
l'éther sulfurique dans les proportions suivantes :

Essence de térébenthine. . .   250 gr.
Alcool . . . .   332 gr.
Éther sulfurique . . . . .   32 gr.

On mélange parfaitement les trois substances;
on y ajoute, si l'on veut, quelques gouttes d'essence
de citron, et l'on conserve cette composition dans
une bouteille bien bouchée. Toutes les fois qu'on
veut s'en servir, on agite la bouteille; on en imbibe
la tache, on étend l'étoffe sur un linge plié en plusieurs doubles, on frotte avec un linge sec jusqu'à
ce que la tache ait disparu.

MOYEN D'ENLEVER LES TACHES DE GRAISSE
SUR TOUTES SORTES D'ÉTOFFES, SANS MOUILLER

Commencez par prendre cinq ou six charbons allumés de la grosseur d'une noix, enfermez-les dans un morceau de linge bien mouillé, que vous aurez bien pressé dans la main pour en extraire l'eau surabondante. Étendez l'étoffe tachée sur une table sur laquelle vous aurez mis auparavant une serviette bien propre, pliée en quatre, et alors prenez par les quatre coins le petit linge qui contient les charbons, et posez-le sur la tache ; enlevez le nouet, et faites-le reposer successivement dix ou douze fois sur la tache, en appuyant très légèrement : elle disparaît en entier. A mesure que vous posez et levez le nouet, vous verrez s'élever une petite vapeur qui aura l'odeur de la tache.

MOYEN DE PRÉPARER SIMPLEMENT L'ACIDE SULFU-REUX POUR ENLEVER LES TACHES VÉGÉTALES, EN PLACE DU SOUFRAGE.

Mettez un peu d'eau dans une soucoupe ou dans une petite assiette, placez au milieu un fragment de brique sur lequel vous mettrez quelques petits morceaux de soufre concassé. Allumez ce soufre avec un charbon ardent, puis, lorsqu'il s'embrase, recouvrez-le d'un grand verre à bière renversé, dont on fait tremper les bords dans l'eau de la soucoupe. La vapeur blanche qui se forme se précipite sur l'eau, s'y dissout, et l'acidule. En répétant cette opération jusqu'à ce que l'eau marque deux ou trois degrés au pèse-liqueur de Baumé, on obtient un bon acide sulfureux, qui remplace fort avantageusement le soufrage pour enlever le suc des végétaux sur les étoffes. Cet acide ne se garde pas longtemps sans s'altérer ; mais on voit combien il est facile de le préparer.

MANIÈRE DE RÉPARER LES TACHES QUI ONT ALTÉRÉ OU DÉTRUIT LA COULEUR

Lorsque la couleur d'une étoffe est complètement détruite par des acides végétaux, tels que le jus d'orange, de citron, le vinaigre, la groseille, etc., ou les acides minéraux, ou l'urine fraîche ou vieillie, et qu'il n'a pas été possible de la raviver d'après les moyens que j'ai indiqués précédemment, il faut tâcher de réparer le mal par une teinture locale. Ce moyen facile est excellent et solide pour les étoffes qui ne se blanchissent pas ; quant aux autres, il faut renouveler la couleur à chaque blanchissage ; mais l'on va voir que ce n'est pas une bien pénible obligation.

Prenez un crayon de pastel assorti à la couleur enlevée (vous trouvez toujours de ces crayons de couleurs pulvérisées chez tous les marchands de couleurs pour les peintres), délayez-le avec une couleur liquide assortie ; par exemple, du bleu en liqueur pour du crayon bleu, de la composition d'écarlate pour du crayon rouge, ainsi de suite ; ayez un peu d'eau dans laquelle vous aurez fait dissoudre de l'amidon, ou mieux encore de la gomme, et mêlez cette dissolution bien épaisse à votre petite préparation. Cela fait, prenez un pinceau fin, trempez-en le bout dans la couleur, et le plus délicatement pôssible posez-le sur la tache, en tenant l'étoffe tendue. Ayez soin que cette opération ne produise pas un cerné, qui serait une nouvelle et plus désagréable tache; pour cela, agissez délicatement en appliquant le pinceau, ne laissez à la couleur que le degré indispensable de liquidité; puis, dès qu'elle sera posée, recouvrez-la de sable fin, d'argile en poudre, de cendres fines, enfin d'une poudre légère quelconque, afin qu'elle ne s'étende pas au delà des places où vous désirez l'appliquer; placez ensuite l'étoffe à la plus grande chaleur, afin que la couleur pénètre bien le tissu. S'il s'agit d'une tache sur laine, mettez l'étoffe un peu au-dessus d'un pot ou d'une marmite en ébullition, et laissez-la ainsi s'imprégner de vapeur pendant à peu près une heure; faites sécher, brossez ensuite, et si la couleur subsiste, lavez légèrement; il sera impossible de reconnaître l'endroit réparé.

MOYEN POUR VOIR SI LA FLANELLE CONTIENT
DU COTON

On sait que parmi les flanelles, il en est dont la chaîne est en coton, et que ces flanelles sont peu estimées. Depuis quelque temps, on a mis dans le commerce, des flanelles qui contiennent une très grande quantité de coton, et qui ne devraient pas être employées comme flanelle de santé pour faire des gilets et d'autres vêtements destinés à être portés sur la peau. Nous allons indiquer ici le moyen de les connaître et d'apprécier la quantité de laine et de coton qu'elles contiennent.

On prend un poids donné de la flanelle que l'on veut essayer, dix parties par exemple ; on la met en contact avec de la lessive de potasse marquant 12 degrés, et l'on fait bouillir ; bientôt la laine se dissout et se convertit en savon, tandis que le coton n'est que faiblement altéré ; on arrête l'opération, on lave le résidu insoluble (le coton), on le fait sécher et on le pèse.

RECETTE POUR DONNER AUX FOURRURES UN LUSTRE DURABLE

Prendre un récipient de porcelaine et y faire dissoudre de l'argent pur dans de l'acide nitrique. Faire évaporer sur des cendres chaudes, redissoudre avec de l'eau distillée et filtrer avec du papier feutre. Sitôt l'évaporation achevée, on obtiendra des cristaux qu'on mettra égoutter.

Il suffit pour la préparation, de prendre un de ces cristaux, de le faire dissoudre dans l'eau distillée et de passer cette dissolution avec une éponge sur la fourrure. En séchant, celle-ci prendra un brillant que ni les insectes, ni l'humidité ne pourront attaquer.

MANIÈRE DE PRÉPARER UN CIRAGE LUISANT QUI NE BRULE PAS LE CUIR

Prenez plâtre passé au tamis de soie, vingt parties ; noir de fumée, cinq, orge germée, telle que l'emploient les brasseurs dans la fabrication de la bière, dix ; ajoutez-y une quantité suffisante d'huile d'olive, ou plutôt une partie, faites macérer dans l'eau bouillante l'orge germée, pour lui enlever toutes ses parties solubles ; délayez ensuite dans une bassine, avec cette liqueur, le plâtre et le noir de fumée ; faites évaporer jusqu'à consistance de pâte, puis mêlez-y l'huile d'olive, dont vous pourrez augmenter la quantité, si vous n'en avez mis qu'une partie. On peut ajouter au mélange, quelques gouttes d'huile de citron ou de lavande pour l'aromatiser. On appliquera ce cirage sur les souliers, avec un pinceau, et on le brossera de suite sans le laisser sécher, ou du moins très peu. Il brille dès qu'on le frotte et ne corrode jamais le cuir. On le doit à M. Brucomot.

RECETTES POUR RENDRE LE CUIR IMPERMÉABLE A L'EAU

Prenez un demi-setier (250 grammes) d'huile de lin, deux onces (60 grammes) de graisse de mouton bien pure, 30 grammes de résine. Mettez bouillir l'huile dans un pot de terre vernissé, sur un feu très doux ; pilez la résine, et ajoutez-la à l'huile ; coupez ensuite votre graisse en petits morceaux, et mettez-la avec le reste, laissant mijoter le tout jusqu'à ce que la résine et la graisse soient entièrement fondues.

Ne laissez pas cette composition bouillir par-dessus les bords, car vous pourriez mettre le feu à la cheminée. Pour prévenir tout accident, il est plus prudent de faire votre opération sur un fourneau portatif, dans une cour, ou en quelque autre lieu sûr.

Voici comment vous employez cette préparation : Vous chauffez légèrement la botte ou le soulier que vous voulez rendre imperméable, et vous étendez votre enduit avec une éponge ou une brosse douce, tandis qu'il est encore chaud. Le lendemain matin, vous pouvez cirer vos bottes ou vos souliers. Si l'enduit a laissé sur le cuir quelques épaisseurs, grattez-les avant de cirer.

La préparation suivante convient surtout pour les chaussures d'hiver, qu'elle rend impénétrables à la neige et à l'eau. Prenez une once (30 grammes) de cire jaune et une demi-once (15 grammes) de belle graisse de mouton ; faites-les fondre et mijoter un peu dans un pot de terre vernissé. Quand le mélange est bien fait, retirez-le du feu, et tandis qu'il est encore chaud, mais non bouillant, éten-dez-le avec l'éponge ou la brosse molle sur vos chaussures, que vous laissez toute la nuit à une chaleur douce, afin que l'enduit pénètre bien dans le cuir. Le lendemain matin, vous enlevez avec un morceau de flanelle ce que le cuir n'a pas absorbé, et vous pouvez cirer vos chaussures : au bout de quelques jours, le cuir reliera aussi bien qu'avant d'avoir reçu cette préparation.

POUR EMPÊCHER LES SOULIERS DE PRENDRE L'EAU

Faites fondre avec soin une pinte d'huile sans goût, deux onces de cire jaune, deux onces de térébenthine, et une demi-once de poix grasse de Bourgogne ; frottez vos bottes ou vos souliers neufs avec cette composition, soit au soleil, soit à quelque distance du feu, avec une éponge ou une brosse douce, et recommencez aussi souvent que la chaussure se séchera. Elle deviendra impénétrable à l'humidité, et acquerra de la solidité en même temps que la souplesse.

Il faut attendre, pour se servir des chaussures ainsi préparées, qu'elles soient bien sèches et élastiques ; autrement, on diminuerait leur durée au lieu de l'augmenter.

MELANGE POUR RENDRE LES CHAUSSURES IMPERMÉABLES

Faire bouillir dans un pot de terre :

Cire jaune . . . . . 125 grammes
Suif de mouton . . . 125 —
Résine . . . . . . 5 —
Huile d'œillette   un demi litre.

Quand le mélange est encore tiède, on l'étend avec un pinceau sur les chaussures.

Autre moyen.

On mélange et on fait fondre ensemble en remuant le mélange :

Suif de bœuf . . . . 250 grammes.
Graisse de porc . . . 60 —
Huile de térébenthine . 30 —
Cire jaune . . . . . 30 —
Huile d'olive . . . . 30 —

On emploie cette composition comme la précédente.

9.

MANIÈRE DE RETOURNER LES TABLIERS DE CUISINE ET LES TORCHONS

Vous pourrez quelquefois vous contenter de mettre le haut du tablier en bas, et le bas en haut parce que la partie inférieure de ce vêtement est presque toujours neuve, tandis que la partie supérieure est usée. Il faut alors découdre les plis du haut et ourler, puis défaire ou couper l'ourlet du bas, et y faire les plis qu'on fixe au moyen d'une bande doublée, cousue en dedans et rabattue comme une ceinture de robe. Mais quand le haut du tablier est trop usé, et qu'il devient nécessaire, ou qu'il le deviendra bientôt, d'y mettre des pièces, il faut, après avoir démonté ou décousu le haut du tablier, le coudre comme un sac, en réunissant par un surget les deux lisières du derrière ; s'il n'y a de lisière que d'un seul côté, il faut remplacer le surget par une couture rabattue. Au reste, quand cette couture est finie, vous pliez votre tablier en deux, en la prenant pour point de départ, et vous fendez du haut en bas au point opposé, c'est-à-dire au milieu du devant ; vous mettez alors les pièces, ou faites les reprises s'il y a lieu, et ourlez les deux parties qu'a données la fente ; ces deux parties sont alors les deux derrières du tablier.

Vous le remontez après, soit en haut, soit en bas.

Cette opération dérange nécessairement les poches, puisque les plis qui formaient le derrière du tablier laissent trop d'espace pour le devant; il faut les découdre et les rapprocher du surjet, en mesurant leur position pour que la main y puisse entrer et en sortir commodément.

Tous les tabliers, de cuisine ou non, se retournent ainsi, lors même qu'ils seraient coupés en pointes, commes les robes; seulement on ne peut renverser ces tabliers-là. Quand on ne veut pas tailler un tablier en pointes, et que cependant on veut qu'il fasse un biais sur les hanches pour en prendre la forme, il suffit d'y faire sur les deux côtés, depuis la ceinture jusqu'au bas de la hanche, une couture en biais, en formant à l'étoffe un large pli droit-fil par le haut. De cette manière, le pli diminue insensiblement, finit par se perdre tout à fait au bout de la couture, et donne le biais désiré, sans couper l'étoffe. Quand arrive le moment de retourner le tablier, on découd ces deux plis, on ôte les points; l'étoffe reprend sa forme ordinaire; elle devient un lé, que l'on peut renverser du haut en bas; on refait ensuite les plis par la couture en biais, comme je viens de le dire, à quelque distance du surjet, qui marque alors le milieu, si on fend le tablier, et à la partie inférieure, qui fait alors le haut, si l'on préfère le renverser. Les torchons se retournent de même, si ce n'est que, comme ils n'ont ni plis, ni ceintures, ni coutures en biais pour la forme des hanches, on les retourne simplement comme les draps.

MOYEN DE FAIRE DE BONNES ROBES AVEC DES ROBES DEMI-USÉES

Une robe s'use ordinairement au corsage, aux manches, à la partie supérieure du devant de la jupe, tandis que tout le reste est bon ; si l'on a des morceaux pareils on peut refaire le corsage et les manches, si la couleur n'a pas changé, ce qui est bien rare ; mais l'on ne peut en aucune manière raccommoder le devant, parce qu'il est impossible de faire une couture transversale, qui ne serait pas supportable. Au reste, il est bien difficile que l'étoffe neuve soit assortie exactement, quand on fait remplacer le corsage, et cela produit communément une bigarrure qui dégoûte, avec raison, de ce raccommodage. Il ne convient généralement qu'aux étoffes de coton blanc.

Il est très désagréable, pour une femme économe, de laisser là une robe aux trois quarts bonne, ou de la vendre en quelque sorte pour rien, mais, avec un peu d'adresse, elle peut en tirer un très bon parti pour habiller son enfant. Voici comme elle procédera :

Elle découdra, ou plutôt coupera bien près du bord, toutes les coutures de la robe, parce qu'ayant nécessairement à retrancher, le long des coutures, d'étroites parties qui ne seront bonnes à rien, il est inutile de perdre le temps à découdre. Toutes les parties séparés seront pliées en quatre, puis successivement étendues sur une table; sur ces parties ainsi étendues, elle posera une robe d'enfant pour servir de patron, et coupera les petits lés de cette robe dans les grands lés de la sienne : d'une part, l'étoffe usée du devant demeurera dans les parties surabondantes, de l'autre, on taillera les manches et le corsage de l'enfant, dans le surplus des pointes et du derrière; il sera bon, avant de rien tailler, d'appliquer les patrons de tous les morceaux du corsage sur l'étoffe qui restera, afin de bien entrecouper, c'est-à-dire de mettre à profit tous les contours que produiront les patrons. Au reste, cette observation importante regarde tous les objets possibles que l'on peut avoir à tailler. Il ne restera plus qu'à coudre la robe. Selon toute apparence, on aura encore des morceaux de reste.

MANIÈRE DE RENOUVELER ET DE RECOUPER LES BAS

Quand les bas ont été ressemelés souvent, que le cou-de-pied en est usé, et que le bas du derrière de la jambe est également mauvais, on n'a d'autre parti à prendre que de les recouper en diminuant leur longueur, à laquelle on remédie en remmaillant un morceau vers le haut. Procédez de cette manière :

Ayez un bas de modèle, pour recouper le vôtre dessus ; placez le bas à couper sur le modèle, de sorte que le talon du premier dépasse le talon de l'autre, de deux, trois ou quatre pouces, selon ce que vous serez obligée d'ôter à votre bas, et, par conséquent, selon son gré de vétusté. Coupez transversalement cette partie excédente, jusqu'aux coins du bas, ou jusqu'à l'endroit où passeraient les coutures du côté qui suivent le talon. Si elles étaient prolongées, cessez de couper en large, et fendez un peu cette partie en long, en mesurant vos fentes sur la couture de côté de votre modèle ; coupez ensuite le reste de votre bas sur le pied du modèle, jetez le surplus.

Voici, bien à peu près, les parties inférieures du bas à couper, renouvelées, mais il en manque une essentielle ; ce sont les deux bandes de côté, qui prennent depuis les coutures de côté du talon, et qui, resserrées graduellement par les étrécissures, présentent une pointe légèrement inclinée, de chaque côté du bas à semelle. Vous remplacerez ces bandes par des goussets de même forme que vous prendrez dans un morceau de tricot pareil au tissu de votre bas, vous mettrez les mailles parallèles au pied du bas, et par conséquent opposés à celles du talon. Vous prendrez garde, en taillant ces goussets, de les placer l'un sur l'autre, de manière qu'ils se touchent à l'endroit, car faute de cette précaution, il arrive souvent que l'on se trompe et que l'un des deux ne peut servir. Vos goussets bien coupés, vous les replierez un peu, du côté du biais et du côté vertical, en droit fil, puis vous ferez sur ce petit pli rentré un petit point d'épinette. Vous répéterez la même manœuvre à la fente que vous avez faite aux coins du talon, et au bas, jusqu'à ce que le gousset finisse de s'attacher au bas, en partant du point de la fente : vous vous en assurerez en mesurant le gousset sur cette partie du bas. Vous placerez ensuite la pointe supérieure du gousset, pointe produite par la rencontre du bout du côté vertical, et du côté de biais vous placerez, dis-je, cette pointe au point d'où part votre fente, et vous coudrez à l'envers, à surjet, le côté vertical du gousset au côté du talon, et le biais au bas. Si vous voulez que l'ouvrage ait plus d'agrément, vous ferez, au lieu du surjet, un remmaillage de côté ;

en ce cas, le point d'épinette est inutile, ou bien il ne se fait qu'après le remmaillage, un seul point, pour les deux morceaux. Quoi que vous choisissiez, vous répéterez cette opération à l'autre gousset. Après quoi, achevant le point d'épinette autour du pied du bas, et doublant le talon, vous coudrez une semelle, et votre bas sera rajeuni. Il ne vous restera plus qu'à faire une couture à points arrière au-dessus du talon et au-dessous du point de couture, afin d'ôter la largeur du mollet qui se trouve descendu au bas de la jambe. Vous mordrez cette couture, c'est-à-dire vous laisserez plus ou moins d'étoffe au-dessus de vos pointes, selon l'indication du bas modèle et vous la terminerez en diminuant graduellement le nombre des mailles prises depuis le point de couture, de manière qu'à la fin de la couture il n'en reste plus du tout. Vous fendrez ensuite, ou vous couperez en suivant le pli longitudinal du milieu la portion du bas surabondante, et mordue au-dessous du point de couture par la couture que vous venez de faire. Après cela, vous rabattrez à droite et à gauche les morceaux laissés très étroits, et vous les fixerez sur le bas par un point d'épinette.

MOYEN DE PRÉSERVER LES FOURRURES ET ÉTOFFES DE LAINE DES TEIGNES PENDANT L'ÉTÉ

Plusieurs personnes saupoudrent ces objets avec du poivre noir fraîchement moulu, d'autres les enveloppent bien d'un linge lessivé et mettent dans le paquet plusieurs morceaux de camphre. On a le désagrément de ces odeurs, et l'on peut bien préserver les fourrures des insectes sans cela. Il suffit de secouer et de bien étaler à l'air les vêtements d'hiver, et au grand jour, parce que les teignes cherchent l'ombre; il faut, par cette raison, les remettre en place avant le soir et ne commencer cet étalage qu'au commencement de juin au moins, temps où la ponte des teignes est à peu près passée. Je conserve, depuis bien des années, toutes sortes d'étoffes de laine et de fourrures sans qu'elles reçoivent le moindre dommage et je n'emploie que ces dernières précautions.

MOYENS DE CHASSER LES MOUCHES

Ce n'est pas en les détruisant qu'on peut parvenir à s'en débarrasser, puisqu'aussitôt elles sont remplacées par d'autres ; il s'agit de les empêcher d'entrer dans les chambres lors même que les fenêtres et les portes restent ouvertes. Pour cet effet, vous frotterez les murs ou la boiserie des chambres avec de l'huile de laurier et en plusieurs endroits seulement : s'il y en a quelques-unes, elles n'y resteront pas longtemps, parce qu'elles ne peuvent souffrir cette odeur. On peut renouveler ce secret de temps en temps. Cette odeur n'est pas désagréable au point de ne la point souffrir ; et en cas qu'on ne le puisse, on peut du moins user de cette méthode pour les offices, cuisines, salles à manger.

Autre moyen.

Piler beaucoup de feuilles de courge, et, du suc qui en sortira, en frotter le poil du cheval tous les matins avant de l'employer à l'ouvrage ; on pourra faire de même à l'égard des autres animaux. Les mouches, comme par miracle, n'en approcheront très certainement pas.

Autre moyen.

Pilez des fleurs ou baies de laurier bien menues, et faites-les cuire dans de l'huile ; après, frottez-en vos bœufs, les mouches n'en approcheront pas.

L'huile de laurier se prépare aussi en pilant des baies de lauriers bien mûres, que l'on fait macérer pendant huit ou dix heures au bain-marie dans de la graisse de porc, et que l'on passe ensuite par expression à travers un linge ; l'huile préparée avec les feuilles n'est pas si odorante.

Autre moyen.

Lavez les murailles avec du jus de citronnelle, après les avoir bien pilées ; les mouches n'en approchent pas. — Cette recette a depuis été donnée souvent.

Autre moyen.

On annonce comme un préservatif certain contre les mouches, qui en été font le tourment des chevaux, la décoction de feuilles de noyer. Il suffit, pour éloigner ces insectes, de laver les chevaux avec de l'eau saturée de suc caustique et fortement odorant du noyer.

Ce moyen est employé avec succès dans les haras de l'Angleterre.

RECETTES CONTRE LES PUNAISES

Faites une décoction de persicaire, de coloquinte et de feuilles de choux et arrosez-en la chambre.

Frottez les bois de lit et les endroits où se tiennent les punaises avec de l'huile d'aspic.

Prenez du fiel de bœuf et de l'huile de chènevis, mêlez le tout ensemble et frottez-en les plinthes, les jointures des meubles, les bois de lit et les sommiers, etc.

Mettez tremper du fiel de bœuf dans de fort vinaigre, lavez-en les bois des lits et mettez de la grande consoude sous le chevet du lit.

On préconise aussi l'essence de térébenthine pour en frotter les endroits infectés ; mais son odeur est désagréable dans les chambres à coucher.

RECETTE CONTRE LES PUCES

Semez, dans la saison, votre lit de pétales de roses, les puces déserteront : quand le temps des roses sera passé, substituez aux pétales quelques gouttes d'essence de rose ; cette odeur est si douce qu'elle ne peut agir que bien faiblement sur les nerfs ; mais cependant lès personnes très nerveuses feront bien de s'en abstenir.

DESTRUCTION DES PUCERONS

Une forte décoction de quassia amara et de staphysaigre aspergée sur les plantes de serres ou d'appartement suffit pour les débarrasser de toute espèce de pucerons et même des actises.

MOYEN DE DETRUIRE LES RATS

Ayez une éponge bien fine et un peu usée, humectez-la un peu d'eau gommée, puis coupez-la en très petits morceaux ; roulez ensuite ces morceaux dans du sucre en poudre, ou tout autre chose dont les souris sont friandes, comme des noix pilées ou un petit hachis de lard ; jetez ensuite vos morceaux dans le voisinage des trous de rats, et placez auprès une assiette ou vase rempli d'eau.

Les souris, alléchés par l'appât, mangeront avidement ; l'éponge leur donnera une soif ardente, elles boiront beaucoup et seront bientôt étouffées.

Pour parvenir au même but, pilez bien un morceau de verre jusqu'à ce qu'il soit réduit en poudre fine, ayez ensuite du lard grillé ou des morceaux de noix, et roulez-les bien dans cette poudre : il sera bon d'en faire pénétrer le plus possible dans l'intérieur des morceaux ; mettez-les dans les endroits infectés de rats, et soyez assuré que vous en trouverez beaucoup de morts.

Il est inutile de dire qu'il faut éloigner de l'appât tout autre objet qui pourrait servir à la nouriture des souris.

On a récemment assuré dans plusieurs publications qu'il suffit, pour écarter les souris, de mêler aux meules de foin, aux aliments, de mettre enfin sur tout ce qu'elles peuvent manger, quelques feuilles de menthe sauvage.

GUÉRISON DES CHANCRES
QUI RONGENT LES OREILLES DES CHIENS DE CHASSE

En employant le feu et les caustiques contre les chancres dont les oreilles des chiens sont quelquefois rongées, on ne réussit pas toujours ; on dépare l'animal, à qui on est souvent forcé de couper les oreilles. Un moyen sûr et prompt, et qui n'oblige pas à leur envelopper la tête, qu'ils secouent par la douleur des opérations, c'est de leur tremper le bout de l'oreille attaquée dans un peu d'huile de navette, deux ou trois fois par jour ; le chancre se guérit promptement, les douleurs s'apaisent, et les caustiques deviennent inutiles ; car le chancre ne reparaît plus.

MOYEN DE FAIRE DE LA COLLE A BOUCHE

On prend des rognures de parchemin auxquelles on ajoute 30 grammes de colle de poisson, 8 grammes de sucre candi blanc et 4 grammes de gomme adragante. On fait chauffer le tout dans un demi-litre d'eau et on laisse bouillir jusqu'à réduction de moitié, puis on fait refroidir.

COLLE FORTE LIQUIDE

On la prépare en ajoutant à la colle forte ordinaire environ son volume de vinaigre et le quart d'alcool. On peut y ajouter un peu d'alun afin qu'elle ne s'altère pas. Cette colle se conserve très longtemps.

Autre moyen.

Dissoudre au bain-marie : gélatine transparente, une partie ; acide acétique très fort, une partie ; alcool fort, 1/4 partie ; alun un peu.

COLLE FORTE INCORRUPTIBLE

Dissoudre au bain-marie : colle forte de Givet, 1 kilogr. ; eau 1 kilogr. ; ajouter peu à peu à cette solution : acide azotique à 36°, 200 gr.

MOYEN DE RECOLLER L'AMBRE

C'est pour un fumeur une vive contrariété que de casser un beau bout d'ambre. Pour souder ensemble les deux morceaux, il suffit d'humecter, avec une solution de potasse caustique les surfaces qu'on veut unir et ensuite de les presser à chaud l'une contre l'autre.

CIMENT POUR RACCOMMODER LE CRISTAL

Prenez un demi-verre d'esprit-de-vin, pour faire fondre une demi-once (15 grammes) de colle de poisson, dans une fiole légèrement bouchée, que vous mettrez dans un pot de terre rempli de sable. Placez le pot près d'un feu doux, pendant au moins vingt-quatre heures ; ayez soin que votre fiole n'ait pas une trop grande chaleur, car cela ferait évaporer l'esprit-de-vin. Dès que la colle de poisson aura pris l'apparence d'un nuage brun foncé, au fond de la bouteille, ajoutez-y deux cuillerées d'eau chaude et secouez bien le tout ensemble ; votre ciment sera fait. Quand vous voulez en faire usage mettez pendant quelques minutes votre fiole dans l'eau chaude, chauffez un peu les bords de l'objet cassé et appliquez votre ciment avec un pinceau : attachez les parties rejointes avec un ruban ou une ficelle, que vous retirez au bout de deux ou trois jours.

Comme il y a quelque danger de faire éclater le pot et de se blesser si on le chauffe trop ou si la fiole est bouchée trop fort, il vaut mieux acheter tout simplement un bâton de pâte à raccommoder les porcelaines et les cristaux. On en trouve chez les droguistes et souvent même chez les marchands de porcelaines. Cette pâte se chauffe un peu, et, pour le reste, on suit les indications ci-dessus.

PROCÉDÉ POUR RESTAURER LE VERRE ET LE CRISTAL BRISÉ

En faisant dissoudre du talc dans de l'esprit-de-vin bouillant, vous vous procurerez un mastic transparent ; vous le laisserez un peu refroidir, et, avec un pinceau très fin, vous en mettrez tout le long des cassures. Vous rajusterez bien les pièces, vous les assujettirez de votre mieux, selon leur nature, soit en les appuyant contre quelque corps dur, et en faisant entrer d'autres corps dans l'intérieur du vase comme un moule (pour soutenir de l'autre côté le morceau rejoint), soit en le liant avec des cordons plats. Quand les pièces rejointes ont une forme ronde, comme les cordons n'y pourraient pas tenir, il faut mettre entre les pièces et le cordon une petite planchette qui sert d'appui. A l'aide de ces précautions (que, du reste, il faudra prendre toutes les fois que vous raccommoderez avec une colle quelconque des objets creux et de forme cylindrique), les pièces seront si bien réunies, que l'œil pourra à peine apercevoir les cassures ou les joints. (*Jonrnal des Arts et Métiers* de l'Angleterre, septembre 1825.)

MANIÈRE DE RACCOMMODER SOLIDEMENT LE MARBRE, L'ALBATRE, LA PORCELAINE

On verse dans un vase une demi-pinte de lait et une demi-pinte de vinaigre : lorsque le lait est parfaitement caillé, on enlève toutes ses parties solides, et, dans le liquide qui reste, on jette quatre ou cinq blancs d'œuf qu'on fouette jusqu'à ce que leur mixtion avec le liquide soit complète. On place ensuite un tamis garni de chaux vive, réduite en poussière très fine, qu'on fait tomber lentement dans le vase jusqu'à ce que le liquide qu'on a soin de remuer, ait pris la consistance d'une pâte.

On obtient ainsi un mastic avec lequel on raccommode très proprement et très solidement le marbre, l'albâtre, la faïence, la porcelaine ; le mastic sèche très promptement, et il est à l'épreuve du feu et de l'eau.

COLLE LIQUIDE POUR LA PORCELAINE

Colle de poisson, 5 gr. ; acide acétique cristallisable, 20 gr.; chauffer jusqu'à ce qu'elle se prenne en gelée à froid.

MASTIC POUR BRIQUES ET PORCELAINES

Silicate neutre de soude, 1 partie ; magnésie calcinée, 1 partie ; oxyde de zinc, 1 partie. Appliquer et laisser sécher, puis porter au feu.

PROCÉDÉ POUR ENLEVER AUX FUTAILLES
LE GOUT DE MOISI

Faites dissoudre dans une quantité d'eau tiède formant environ la seizième partie de la capacité de la barrique, quatre livres de sel de cuisine et une livre d'alun de commerce ; mettez dans cette eau de la bouse de vache très fraîche (c'est-à-dire au moment où elle sort du corps de l'animal), et délayez-la jusqu'à ce qu'elle forme un liquide capable de passer facilement par un gros entonnoir ; mettez le tout sur le feu dans un chaudron, et chauffez presque jusqu'à l'ébullition, en ayant soin de remuer continuellement avec une spatule de bois ; versez la liqueur bouillante dans la barrique, bouchez-la fortement et agitez-la pendant l'espace de cinq à six minutes, de la même manière que lorsqu'on veut rincer une barrique. De deux en deux heures, agitez de la même manière et pendant le même temps. Ayez soin, après l'agitation, de déboucher le bondon ; il s'exhale aussitôt au dehors des vapeurs épaisses qui ont une forte odeur de moisi. Vingt-quatre heures après, rincez la barrique jusqu'à ce que l'eau en sorte parfaitement claire. Pendant cette opération, faites chauffer de l'eau sur laquelle vous jetterez deux livres de sel et une demi-livre d'alun ; versez l'eau très chaude dans la barrique, agitez une seule fois comme dans la première opération, et laissez la barrique bien bouchée. Deux heures après, l'eau étant encore tiède, faites-la sortir, laissez bien égoutter la barrique, et bouchez-la fortement avec le bondon pour attendre le moment où vous la remplirez de vin. Il existe encore un autre procédé plus simple, plus expéditif, et non moins sûr.

On prend deux poignées de feuilles de pêcher, on les tord dans les mains pour les briser, ou bien on les pile dans un mortier ; on les introduit dans la futaille et on verse un seau d'eau chaude par-dessus ; on bondonne la pièce et on l'agite en tous sens pendant environ un quart d'heure. Au bout de ce temps, on rejette ces matières et on recommence la même opération, avec une poignée seulement de fleurs de pêcher et un demi seau d'eau.

Cette manœuvre finie, on rince bien la pièce et on la laisse égoutter avant de s'en servir. Quelques personnes l'arrosent encore avec un demi-verre d'eau-de-vie avant d'y remettre du vin. Quand les tonneaux ont trop fortement le goût de moisi, on en défonce un côté, puis on promène dans le tonneau une torche de paille enflammée.

MOYEN DE FAIRE DES MATELAS AVEC DE LA MOUSSE

On les prépare ainsi : Au mois d'août et vers le commencement de septembre, ramassez, par un temps sec, de la mousse des bois, et, de préférence la plus longue et la plus douce, que vous séparerez de ses racines ligneuses ; faites-la suffisamment sécher à l'ombre, afin d'en ôter la terre qui peut y être resté attachée, mais pas assez pour la rendre cassante. Mettez-la alors sur des claies et battez-la légèrement avec des baguettes pour la bien nettoyer et coupez en même temps les parties qui seront trop dures. Faites-en ensuite un matelas de huit pouces d'épaisseur, de la même manière que se font ceux de crin, et piquez-les d'espace en espace. Lorsqu'ils s'aplatiront, battez-les avec une

baguette, après les avoir placés sur une claie, mais
sans les découdre. Ils reprendront leur élasticité
première. Ces matelas, qui remplacent avec avantage ceux de laine et de crin, peuvent durer plusieurs années et ne craignent point la vermine,
puces, punaises, etc.

RECETTE POUR FAIRE UNE PATE POUR L'ACAJOU

Râpez une once (30 grammes) de cire jaune dans
un pot de terre vernissé, versez sur votre cire un
demi-verre d'essence de térébenthine, et mêlez-y
10 à 12 grammes de racine d'orcanette ; remuez
le tout quatre ou cinq fois, et, au bout de quelques
jours, vous pourrez vous servir de votre pâte.

Mettez dans un pot vernissé une égale quantité
de cire jaune râpée, d'essence de térébenthine et
d'esprit-de-vin, mettez votre pot sur un feu doux,
remuez bien votre mélange, tandis qu'il chauffe ;
quand vous voyez que la cire est bien fondue et
mêlée au reste, retirez votre pot du feu, laissez-le
refroidir ; et lorsque vous voulez vous servir de ce
vernis, mettez-en fort peu à la fois, et suivez les
indications données plus haut.

RECETTE POUR DONNER AU BOIS UN NOIR D'ÉBÈNE

Mettez de la bonne encre avec de petits morceaux de fer bien rouillés, que vous laisserez tremper quelques jours, puis en frotterez votre bois, et il sera beau et bien pénétré, et vous le polirez ensuite.

RECETTE POUR OTER LES TACHES D'HUILE SUR LE PARQUET, SUR LE MARBRE ET SUR LA PIERRE

Étendez sur la tache une couche légère de terre glaise ; posez dessus un fer à repasser bien chaud et renouvelez le tout six fois, la tache aura disparu.

MOYEN D'EMPÊCHER LA MOISISSURE DES LIVRES

Les livres reliés en cuir de Russie, non seulement ne se moisissent jamais, mais encore empêchent les volumes qu'ils touchent de se détériorer. Cet effet est dû à l'odeur de l'huile de bouleau avec laquelle ce cuir est préparé. Il suffirait d'un peu d'huile essentielle quelconque pour préserver de tout dommage les livres conservés dans des endroits humides et bas.

MOYEN DE NETTOYER LE FER-BLANC ET DE LE RENDRE COMME NEUF

J'ai oublié d'insérer ce procédé dans le chapitre des nettoyages de toutes sortes, où sa place était tout naturellement ; mais elle peut encore se trouver dans celui-ci.

Quand un vase de fer-blanc, comme une casserole, une cafetière, a été quelque temps sur le feu, sa blancheur se change en noir cuivré. Pour le nettoyer, il faut mélanger de la cendre et de l'huile commune (par exemple de l'huile à brûler), et quand on a fait de ce mélange une sorte de boue épaisse, on en couvre bien le vase ; on le frotte ensuite avec un torchon de toile, puis avec des chiffons de laine, et le fer-blanc paraît tout neuf. S'il y avait longtemps qu'il fût sali, et qu'il le fut beaucoup, il faudrait recommencer l'opération ; mais ordinairement le noir de fumée cède à la première application et aux premiers frottements. J'en ai fait récemment l'expérience.

MANIÈRE DE PRÉSERVER LES CADRES DORÉS DES PIQURES DE MOUCHES

Faites bouillir quatre ou cinq poireaux dans une pinte d'eau ; ensuite, avec un pinceau que vous trempez dans cette eau, frotez les cadres dans les parties qui ne sont pas dorées ; cela ne peut les gâter en rien, et les mouches n'approchent jamais des objets ainsi lavés.

VERNIS POUR CUIVRE

Sulfure de carbone, 1 partie ; benzine, 1 partie, essence de térébenthine, 1 partie ; esprit de bois, 2 parties ; copal dur, 1 partie.

MOYEN D'OUVRIR LES FLACONS DE CRISTAL

Il arrive souvent que le bouchon des flacons s'attache tellement à l'orifice, qu'il est impossible de les ouvrir, et qu'il faut les laisser sans usage. J'ai vu ainsi souvent de ces flacons désespérants qui résistaient à tous les efforts ; il est un moyen bien simple d'en extraire le bouchon ; pour cela, prenez une clef, et frappez tout doucement avec l'anneau tout le tour de l'orifice. Cette manœuvre, souvent répétée, détache insensiblement le bouchon, que tous les efforts imaginables n'auraient servi qu'à fixer davantage. Je me sers journellement de ce procédé.

Il en est un autre qui consiste à plonger le

flacon, jusques au col inclusivement, dans l'eau chaude. Le verre ou le cristal du flacon se dilatant avant le bouchon, on profitera de l'instant où ce dernier est encore froid pour le retirer avec précaution.

MANIÈRE DE NETTOYER LES CARAFES

Les carafes contractent aisément la teinte des liquides qu'elles contiennent ; l'eau la mieux filtrée y forme à la longue un dépôt. Il faut un soin particulier pour les nettoyer, parce que leur forme offre des difficultés qui exposent à les casser.

Prenez un morceau de papier brun très épais, coupez-le en petits morceaux qui entrent facilement dans la carafe, joignez-y un peu de potasse et une petite quantité d'eau tiède : si votre eau est trop chaude, vous casserez le verre. Secouez vivement pendant une minute, puis prenez un roseau ou un jonc, garnissez l'un des bouts d'un morceau d'éponge que vous attacherez solidement ; puis frottez-en les parties encrassées jusqu'à ce que vous les voyiez bien nettes, et rincez deux fois votre carafe à l'eau froide. Ayez soin que le bâton et l'éponge ne soient pas aussi gros que le dedans du goulot. Surtout ne faites jamais usage de grès ou d'autre poudre pour laver vos carafes, vous égratigneriez le verre et ne pourriez plus lui rendre son poli.

Quand les carafes ont été bien lavées, tournez-les du haut en bas, et mettez-les sécher dans le râtelier ou séchoir. Si vous n'avez point de râtelier, renversez-les dans une cruche et séchez-les bien, car si vous n'en faites pas constamment usage et que vous y laissiez de l'humidité, elles prendront un goût de moisi que vous aurez grand'peine à leur faire perdre, et resteront troubles, au lieu d'être claires et brillantes.

Quelquefois les bouchons de carafes collent ou entrent si fortement, que, en voulant les enlever, on casse le col de la carafe. Pour pouvoir ôter le bouchon, posez la carafe, et tenez-la de la main gauche près l'embouchure, et avec la main droite poussez le bouchon à droite et à gauche; ou bien mettez une goutte d'huile d'olive autour du bouchon, juste à l'embouchure de la carafe, ou bien encore trempez le col de la carafe dans de l'eau un peu chaude, mais non bouillante, et le bouchon cédera bientôt. En telles occasions, la patience est nécessaire, tandis que la force et la violence font plus de mal que de bien.

RECETTE POUR FAIRE LA POUDRE MÉTALLIQUE

Faites une forte lessive de potasse avec de l'eau dans laquelle vous avez fait dissoudre une demi-once (15 grammes) de crême de tartre et la même quantité d'alun; mettez votre argenterie dedans, et placez le tout sur le feu; laissez bouillir environ six minutes; ensuite retirez l'argenterie et faites-la sécher, réduisez en cendres un peu de paille de froment; après avoir pilé ces cendres, passez-les à travers une mousseline, et frottez-en votre argenterie.

PROCÉDÉ POUR ENLEVER A LA VAISSELLE D'ARGENT LA COULEUR QUE LUI FONT PRENDRE LES ŒUFS CUITS

L'on sait que les œufs cuits au beurre communiquent aux couverts et aux assiettes d'argent une teinte d'un noir rougeâtre, que l'on ne parvient à faire disparaître qu'au bout de quelque temps, en employant les moyens ordinaires pour nettoyer l'argenterie. Il en est un bien simple qui efface, en un instant, cette teinte désagréable, et rend à la vaisselle d'argent tout son éclat ; il suffit de la frotter avec de la suie.

MOYEN D'AVOIR LE JUSTE POIDS DES MARCHANDISES

On a souvent accusé, et non sans quelque raison, les marchands détaillants de vendre à faux poids. Quelle que soit l'inégalité des bras d'une balance, on aura le poids de ce que l'on demande aussi exactement qu'il sera possible, en faisant peser la moitié de la marchandise à recevoir dans un plateau de la balance, puis l'autre moitié dans l'autre plateau.

MOYEN D'ÉTEINDRE LES FEUX DE CHEMINÉES

Lorsqu'on s'aperçoit que le feu a pris dans un tuyau de cheminée, on doit aussitôt étendre sur l'âtre le bois allumé, ainsi que la braise, et y jeter le plus également possible trois ou quatre poignées de soufre, que l'on aura réduit en poudre fine. On bouche immédiatement après le devant de la cheminée, en y plaçant une table, ou une porte, un devant de cheminée ou un drap bien mouillé, qu'on a soin de tenir fortement à la partie supérieure, et sur les côtés. Le soufre étant un très bon combustible, s'enflamme à l'instant, et absorbe si fortement l'oxygène de l'air renfermé dans la cheminée que la flamme cesse aussitôt de brûler. Le feu, quelque ardent qu'il soit, s'éteint à l'instant. Comme on peut éviter de grands désastres par un moyen si facile, il serait prudent d'avoir, dans chaque ménage, une petite provision de soufre en poudre. Si le brasier est assez ardent, on peut remplacer le soufre par quelques poignées de sel de cuisine ; on peut encore substituer quelques oignons au sel.

Le gaz ou l'humidité, qui s'en élève, remplit le tuyau de la cheminée, et ne permet plus la combustion.

POUR EMPÊCHER LE PAPIER DE BOIRE

Faites fondre gros comme une noix d'alun dans un verre d'eau. On humecte le papier de cette eau avec une éponge fine et on laisse sécher. Si c'est pour peindre à l'aquarelle on tend auparavant le papier sur un stirator.

POUR FIXER UN DESSIN A LA MINE DE PLOMB

Prenez du lait bien pur, arrosez en doucement le dessin, faites égoutter et laissez sécher.

RECETTE UTILE AUX ÉCRIVAINS POUR REMPLACER
LA SANDARAQUE

Lorsque l'on a fait une tache sur son papier, on peut obvier à cet inconvénient en employant au lieu de sandaraque, qui est rare et chère, de la craie de Champagne, vulgairement appelée blanc d'Espagne, qu'on trouve partout à bon compte. On met un peu de cette terre absorbante, réduite en poudre, sur l'endroit gratté, on l'identifie au papier en le frottant avec le polissoir ou le dessus de l'ongle, ensuite on enlève le superflu avec un linge ou du papier, et on le polit de nouveau avec le polissoir ou le dessus de l'ongle.

Cela fait, on peut écrire dessus beaucoup mieux qu'on aurait fait si l'on eût employé la sandaraque, parce que la craie est lisse, absorbante, douce au toucher et s'unit mieux au papier, en sorte qu'elle ne macule pas l'écriture et ne change en rien la couleur du papier.

MOYEN POUR EMPÊCHER LA NEIGE D'ADHÉRER AUX SABOTS DES CHEVAUX

Bourrer fortement de crottin le pied du cheval et renouveler cette précaution à toutes les stations de quatre à cinq lieues.

MOYEN POUR NE PAS GLISSER SUR LE VERGLAS

Entourez vos chaussures de grosse ficelle ou de petite cordelette, et ayez soin ne ne pas marcher sur le talon, mais seulement sur la plante des pieds.

MOYEN DE NE PAS GLISSER SUR LE PARQUET

Ecrasez un peu de résine par terre avec la semelle de vos chaussures. Ce moyen très simple est employé par les maîtres d'armes pour ne pas se blesser en se fendant à fond.

MOYEN D'ÉVITER AUX CHIENS LA MALADIE

Outre les soins d'hygiène recommandés pour ces animaux domestiques, faites prendre tous les matins à vos chiens, dès le bas âge, un quart de litre de lait coupé d'un peu d'eau.

Si lorsque votre chien est adulte vous continuez ce régime, vous aurez de grandes chances pour qu'il ne devienne jamais enragé, à moins de cause accidentelle, telle que la morsure d'un chien contaminé.

REMÈDE CONTRE LES ABCÈS DES OISEAUX

Les oiseaux élevés en captivité sont sujets aux abcès de la tête. On les en guérit en brûlant l'abcès mur avec une pointe de fer rougie au feu et en frottant la plaie avec du savon noir ou des cendres mêlées avec de l'huile d'olives, ce qui est préférable. Si l'oiseau paraît très malade, il faut le purger auparavant en mêlant à son eau du suc de bette ou poirée.

PRÉPARATION DES MARRONS D'INDE POUR LES BESTIAUX ET LES COCHONS

Les concasser ; les mettre dans un baquet rempli d'eau, remuer de temps en temps, renouveler l'eau cinq à six fois, de dix heures en dix heures. Quand elle n'a plus d'amertume, couvrir les marrons d'eau bouillante ; les donner aux bestiaux. On peut, en outre, les faire cuire à l'eau et les mêler avec du son ou des pommes de terre.

Les bestiaux, les vaches, les moutons qui font usage de cette nourriture tonique engraissent en très-peu de temps et sont moins exposés à l'épizootie. Cuits et broyés, les marrons d'Inde peuvent être donnés aux volailles. On enlève l'écorce avant de les faire tremper. Le fruit entier, coupé, peut-être mêlé au fourrage, à raison de cinq quarts de livre pour un mouton, et une livre pour un agneau ; on y joint un peu de sel. On le donne en automne, à l'époque où cesse la nourriture en vert. Les moutons, ainsi que les vaches, refusent d'abord de manger ce fruit, mais bientôt ils le recherchent avec empressement. Il est dangereux de donner les marrons sans les couper, car ils peuvent s'arrêter dans le gosier et causer la mort de l'animal.

ASSAINISSEMENT DES ABREUVOIRS

Pour assainir un abreuvoir d'eau dormante, il suffit d'y mettre des poissons, tels que la tanche, le gardon, et surtout le carassin. La tanche dévore toutes les sangsues.

ASSAINISSEMENT DE L'EAU DES VOLAILLES

Jetez un peu de couperose verte (sulfate de protoxyde de fer) dans l'eau qui sert à boire aux volailles, c'est un des meilleurs remèdes préventifs contre les maladies épidémiques auxquelles elles sont sujettes, entre autres le choléra des poules.

MOYEN D'AUGMENTER LES QUALITÉS NUTRITIVES DU PAIN

On fait bouillir 5 livres de son dans une quantité d'eau suffisante pour 58 livres de farine. — Environ 12 litres. — On fait passer ensuite cette eau au tamis pour en retenir le son ; puis on en fait une pâte, qui après avoir été bien pétrie et bien mêlée avec le levain, comme de coutume, donne une plus grande quantité de pain que par la méthode ordinaire, plus nourrissant et plus agréable au goût.

En général, le pain est d'autant meilleur que la

pâte en a été faite avec une eau plus légère. Sous ce rapport, l'eau de pluie est excellente.

A ce propos disons que le pain bis lorsqu'il est rassis, est plus sain et plus nourrissant que le pain blanc ordinaire.

MOYEN D'EMPÊCHER LE LAIT D'AIGRIR

Pour empêcher le lait d'aigrir, mettez une cuillerée de raifort sauvage, en poudre ou en feuilles, dans une terrine de lait : ce lait conservera sa douceur pendant plusieurs jours, soit qu'il reste exposé à l'air, soit qu'on le tienne dans un cellier, tandis que celui qui n'aura point subi cette préparation deviendra aigre.

MOYEN DE CONSERVER LE BOUILLON

Pour conserver indéfiniment, sans la moindre altération, un bouillon de viande tel que celui qu'on est dans l'usage de faire dans les familles aisées soit pour les malades, soit pour les gens en santé, il ne faut, après l'avoir tiré au clair dans un pot de terre bien propre, que le faire bouillir un instant ; une fois par jour pendant les saisons tempérées, ou chaque douze heures pendant les grandes chaleurs de l'été.

Il conviendra de saler moins le bouillon qui devra être conservé par ce procédé.

TABLETTES DE BOUILLON

Prenez quatre pieds de veau, cuisse de bœuf, douze livres, rouelle, trois livres, gigot de mouton, dix livres. On fait cuire ces viandes à petit feu, et on les écume comme à l'ordinaire. On passe le bouillon avec expression. On fait bouillir la viande

une seconde fois dans de nouvelle eau ; on passe
de nouveau, on réunit les liqueurs, on les laisse
refroidir pour en séparer exactement la graisse ;
on clarifie le bouillon avec cinq ou six blancs d'œufs.
On passe la liqueur au travers d'un blanchet, et
on la fait évaporer au bain-marie, jusqu'à consistance de pâte très épaisse. Alors on l'ôte du vaisseau, on l'étend un peu mince sur une pierre unie,
on la coupe.

TABLETTES DE BOUILLON OU EXTRAIT DE BŒUF POUR LES CONVALESCENTS

Prenez quatre pieds de veau et douze livres de
bœuf, dix livres de rouelle de veau et dix de gigot
de mouton, faites cuire le tout avec une quantité
suffisante d'eau, dans une marmite bien fermée.
Épuisez tous les principes de la viande par des
ébullitions réitérées, et toujours égales et légères.
Rapprochez les liqueurs obtenues par chaque ébullition réitérée (car vous avez mis une nouvelle eau
à chacune), dégraissez-les, clarifiez-les d'abord ;
puis, lorsqu'elles sont mélangées et qu'elles ont
acquis une consistance gélatineuse assez ferme

coupez-les par tablettes, et faites-les sécher au grand air, dans un lieu bien sec. Comme elles deviennent très solides, et d'un transport facile, qu'elles peuvent se garder longtemps sans s'altérer, elles conviennent aussi beaucoup aux voyageurs.

Une demi-once de ces tablettes dissoute dans une suffisante quantité d'eau avec un peu de sel, donne un très bon bouillon. On peut, si l'on veut, saler d'abord les tablettes lorsqu'elles sont encore en liqueur.

MANIÈRE DE CONSERVER LES ŒUFS

Il faut avoir, dans ce but, des vases d'une capacité médiocre, qui puissent tenir, par exemple, de quarante à soixante œufs ; on fait de l'eau de chaux en prenant dix parties de chaux sur cent d'eau ; on verse celle-ci sur la chaux, petit à petit, on délaie bien le tout. Lorsque cette eau a reposé pendant quelques heures, on la met dans un vase où l'on dépose chaque matinée les œufs aussitôt qu'ils sont pondus ; on tient en réserve, dans un autre vase, de l'eau de chaux pour couvrir à la hauteur de deux ou trois pouces, lorsqu'il est nécessaire, les œufs dont on fait chaque jour le dépôt; on·descend le vase à la cave, afin qu'il soit habituellement exposé à une température égale. Il faut avoir soin de le boucher ou de le couvrir, pour intercepter une communication immédiate avec l'air. On conserve ainsi les œufs d'une année à l'autre dans un bon état de fraîcheur.

———

PROCÉDÉ SIMPLE POUR SALER ET FUMER LES VIANDES

On a, en Franconie, une manière de saler et de fumer les viandes qui ne demande que quarante-huit heures de temps; voici le procédé. On dissout dans de l'eau une quantité de salpêtre égale à celle du sel qu'on prend ordinairement pour saler la viande. Après que le salpêtre est fondu, on met dans cette eau la viande qu'on veut fumer, et on l'y laisse cuire lentement, pendant quelques heures, à petit feu, jusqu'à ce que toute l'eau soit évaporée. On suspend ensuite la viande pendant vingt-quatre heures exposée à une forte fumée, et elle se trouve avoir un aussi bon goût et être aussi ferme et aussi rouge intérieurement que la viande fumée de Hambourg, qui reste pendant plusieurs semaines dans le sel. On peut saler aussi les viandes à la saumure.

MOYEN DE CONSERVER LES POMMES DE TERRE

Remplissez un panier de pommes de terre, plongez-les, pendant quelques minutes, dans l'eau bouillante ; faites-les ensuite sécher en les étendant au soleil sur une claie, puis portez-les au grenier. Elles ne fermenteront pas au printemps et n'auront pas ce mauvais goût que les ménagères appellent goût de pousse.

MOYEN DE RÉTABLIR LA GRAISSE RANCE

Lorsque le saindoux est devenue rance, le seul parti à prendre, pour s'en servir en cuisine, c'est de l'exposer au feu et de le tenir pendant un certain temps en liquéfaction, en y ajoutant une croûte de pain grillée à l'état charbonneux.

MOYEN DE CONSERVER LE POISSON

On étend au fond d'une caisse en bois une couche de charbon de bois pulvérisé de 5 à 6 centimètres d'épaisseur, sur laquelle on répand un lit de la même épaisseur de glace cassée en très petits morceaux. Le poisson est posé sur cette couche, entourée de glace aussi tassée que possible ; enfin la glace est recouverte d'une toile grossière sur laquelle on place une couche épaisse de poussier de charbon. Au bout d'une ou deux semaines, le poisson est encore frais et bon à manger. Inutile d'ajouter qu'il faut déposer cette caisse dans un endroit frais.

CONSERVATION DU POISSON PENDANT
LES TRANSPORTS

Prenez du charbon de bois, pilez-le grossièrement et enlevez la poudre la plus fine en passant le charbon sur un tamis de crin; ayez une boîte proportionnée à la grosseur du poisson. Remplir la gueule, les ouïes et le ventre; il suffit ensuite de bien laver le poisson.

RECETTE DE L'ALE (bière anglaise)

Prenez 3 hectolitres de malt pâle que vous ferez macérer à trois reprises, d'abord dans 4 barils d'eau, puis dans 3 et encore autant; après avoir concentré la liqueur avec 3 kilogrammes de houblon, on la fait fermenter avec 8 kilogrammes de levure, en ayant soin de refouler celle-ci dans la cuve, à mesure qu'elle remonte. On obtient, de cette façon, environ 8 barils d'ale.

BIÈRE DE CHIENDENT

Il ne faut pas croire que l'orge et le houblon seulement peuvent faire de bonne bière. On en prépare avec toutes sortes de grains et même avec le vulgaire chiendent, cette herbe parasite qui fait le désespoir des jardiniers.

Voici comment on procéde, suivant la curieuse recette du Dr Saffray :

Vous prenez 4 kilogrammes de racine de chiendent hachée, vous le mettez dans un baquet et l'arrosez de temps en temps avec de l'eau tiède, de manière à le tenir très humide, mais sans le couvrir d'eau. Au bout de peu de jours, vous voyez germer de petites pousses blanches. Lorsqu'elles ont atteint environ un centimètre, vous mettez les racines dans un baril avec un kilogramme de baies de genièvre concassées, 2 kilogrammes de sucre brut et environ 60 grammes de levure de bière. Vous versez dessus 1 litre d'eau très chaude et remuez; le lendemain vous ajoutez 8 litres d'eau chaude et le troisième jour 9 litres, ayant soin de laisser un fausset d'évent pour le dégagement des gaz produits par la fermentation. Au bout de cinq ou six jours, vous soutirez dans un baril propre et deux jours après, vous pouvez boire cette bière saine et agréable.

CLARIFICATION DE LA BIÈRE PAR LE TANNIN

Pour 1,000 litres de bière, on emploie 140 gr. de tannin dissous dans 0 litre 750 d'eau, qu'on mélange bien. Après trois ou quatre jours, on ajoute 1 litre de colle de poisson ou 2 litres de gélatine à 1 kilogramme de colle par 100 litres. La clarification complète exige généralement huit jours, mais ce temps est assez variable.

MOYEN D'EMPÊCHER LA BIÈRE D'AIGRIR

A Ausgbourg et dans les environs, où l'on brasse de très bonne bière, les brasseurs ont coutume de placer dans la tonne un sachet de racine de bétoine, pour donner à la liqueur un goût agréable et en même temps pour l'empêcher de s'aigrir. Il faut cueillir cette plante avant la Saint-Jean.

MANIÈRE DE RÉTABLIR LA BIÈRE AIGRIE

Quand la bière est devenue aigre, jetez-y quelques écailles d'huîtres calcinées, ou bien un peu de craie pulvérisée; ces ingrédients corrigent l'acidité de la bière et la rendent vigoureuse et pétillante; mais il ne faut pas la garder longtemps après cette opération, car elle ne tarde pas à se gâter entièrement.

RECETTE POUR CUIRE DES LÉGUMES AVEC L'EAU DE PUITS

Deux causes contribuent à rendre coriaces ou difficiles à cuire les légumes farineux. La première dépend des trop fortes chaleurs de l'été pendant leur végétation, qui les rendent cornés. La deuxième dépend de l'eau dans laquelle on les fait cuire. On sait que l'eau de puits, par exemple, est impropre à cet usage, par la quantité de chaux qu'elle contient en dissolution.

On remédie à cet inconvénient en mettant de la cendre de bois, gros comme un œuf, dans un linge serré qu'on jette dans la marmite, et qu'on retire après la cuisson. Ce moyen, outre l'avantage de cuire promptement les légumes, a celui de contribuer à en améliorer le goût. Il économise en même temps le sel dont il convient de diminuer la quantité.

MOYEN DE RÉTABLIR LES VINS TOURNÉS OU ÉCHAUFFÉS

Les vins tournés ne diffèrent des vins naturels que par une certaine quantité de sous-carbonate de potasse qui s'est formée aux dépens de la crême de tarte et de la matière colorante. Il suffit, pour les rétablir, d'ajouter environ une demi-once d'acide tartrique par hectolitre : l'acide carbonique se dégage, le vin reprend sa couleur et sa saveur naturelle ; le tartrate ainsi se dépose au fond de la pièce.

MANIÈRE DE SE PROCURER DE BON VINAIGRE

Lorsque le raisin est bien mûr, l'on prend du moût, et dès l'instant de l'expression, on le fait bouillir jusqu'à l'évaporation d'un quart. On le verse, de la chaudière où il a bouilli, dans un tonneau, et on le soigne pendant l'hiver comme tout autre vin. L'été suivant, quand la fermentation paraîtra terminée, il faut retirer un cinquième environ de la liqueur, faire un trou à un des fonds du tonneau, un peu au-dessus du liquide et fermer la bonde supérieure. Si le tonneau est dans un lieu un peu chaud, on obtiendra bientôt un vinaigre très fort, très agréable, susceptible de se conserver bien plus longtemps que d'autre, et propre, par l'addition d'une seule pinte sur cent, à faire très promptement passer d'autre vin à la fermentation acéteuse. Dans un local dont la température serait constamment de quelques degrés au-dessus de zéro, la fermentation, pour être com-

plète, n'attendrait pas l'été, et dès le premier mois
peut-être obtiendrait-on de bon vinaigre.

CLARIFICATION DU VINAIGRE ROUGE

Sur chaque litre de vinaigre on met trois à
quatre cuillerées de lait ; on agite, et on laisse
reposer quelques heures, après quoi, on filtre à
travers le papier gris ; si le vinaigre se trouve encore coloré, on répète la même dose de lait. Par
ce moyen, ce liquide acquiert une limpidité parfaite, lequel, concentré à la gelée, prend une très
grande force et un beau coup d'œil. Dans cette
opération, le lait, en se coagulant, s'empare de la
partie colorante du vinaigre et le rend limpide.
On concentre le vinaigre à la gelée en l'exposant à cette température dans des terrines non
vernissées. La partie aqueuse se gèle ; on l'enlève
successivement jusqu'à ce qu'après y avoir été
exposé quelques jours, le vinaigre refuse de donner
de la glace ; il faut alors l'enfermer dans des bouteilles bien séchées. Si l'on veut avoir du vinaigre
aromatisé, on y fait macérer à froid, quelques jours
avant de le clarifier, de l'estragon, du sureau, de

la lavande, etc., suivant le goût. On a, par ces moyens, après la congélation, un vinaigre très aromatisé, très fort et tout à fait agréable à la vue.

La congélation vaut infiniment mieux pour concentrer le vinaigre que l'évaporation. Par le premier moyen, tous les principes contenus dans le vinaigre se conservent, tandis que par l'évaporation non seulement on les perd, mais encore on court risque de faire prendre au vinaigre un goût d'empireum.

VINAIGRE ÉCONOMIQUE

Remplissez une futaille de marc frais de raisin non pressuré, et couvrez-la avec des planches. Laissez ce marc s'échauffer pendant quelques jours, alors arrosez-le de plusieurs seaux de vin. Au bout de quelques semaines, le vin est converti en excellent vinaigre, que l'on tire au clair pour s'en servir au besoin. Cette méthode est celle que suit généralement le peuple du département de la Dordogne.

INSTRUCTION POUR RECONNAITRE LES VINAIGRES QUI CONTIENNENT DE L'ACIDE SULFURIQUE

On reconnaîtra facilement si le vinaigre contient de l'acide sulfurique, en versant vingt gouttes d'une solution de muriate de baryte dans environ quatre onces de vinaigre, qu'on aura eu soin auparavant de filtrer s'il n'était pas clair.

Cette épreuve devra être faite dans un vase de verre bien transparent.

Si ce mélange ne se trouble pas, on sera disposé à croire qu'il ne contient pas d'acide sulfurique, si, au contraire, il se trouble, et que peu de temps après il se forme un précipité au fond du vase, on conclura qu'il y a, dans le vinaigre soumis à l'expérience, de l'acide sulfurique.

La quantité plus ou moins grande de précipité formé suffira pour donner une idée approximative de la quantité d'acide sulfurique que le vinaigre contient.

Ce genre d'essai ne pourra être confié qu'à des personnes habituées à en faire de semblables.

RECETTE POUR RECONNAITRE SI LE CAFÉ CONTIENT DE LA CHICORÉE

On remplit un verre d'eau : lorsqu'il est plein, on projette, à la surface du liquide, le café que l'on suspecte d'être mêlé.

Si le café n'est pas mêlé de poudre de chicorée, il reste à la surface ; s'il est mêlé de poudre de chicorée, celle-ci absorbe l'eau immédiatement, tombe au fond du vase et colore promptement le liquide en jaune.

RECETTE POUR ENLEVER LE MAUVAIS GOUT AU CAFE AVARIÉ PAR L'EAU DE MER

Ce procédé consiste à jeter le café dans l'eau bouillante, à l'y laisser quelques minutes, à l'en retirer, et à l'exposer au grand soleil, ou, ce qui vaut mieux encore, dans une étuve. C'est cette recette dont se servent les marchands de café à bon marché, sans préjudice des falsifications.

MOYEN ÉCONOMIQUE DE RECTIFIER L'ALCOOL

La vessie de porc est un filtre à travers lequel l'humidité peut passer, mais qui retient les vapeurs de l'alcool. Si on expose à l'air sec, au soleil, ou à une douce chaleur, une vessie fermée exactement et dans laquelle on a introduit de l'alcool à 30 degrés, au bout de quelque temps on trouve que l'alcool en marque 40.

RECETTE POUR REMPLACER LE SUCRE PAR LE MIEL

Le goût du miel déplaît à beaucoup de gens. Afin de le lui enlever, on le fait fondre à une chaleur douce, on écume et l'on clarifie. On y met ensuite, à plusieurs reprises, un morceau de fer, que l'on fait rougir au feu chaque fois qu'on le plonge dans le miel. Enfin, on ajoute une cuillerée d'eau-de-vie de vin par chaque kilogramme de miel.

Ce moyen ôte au miel sa saveur. Les confitures

dans lesquelles on l'emploie au lieu de sucre sont aussi bonnes et plus économiques. On prétend même qu'elles se conservent mieux.

FÉCULE DE MARRONS D'INDE

Pour obtenir une excellente fécule débarrassée de tout principe âcre avec les marrons d'Inde, on les débarrasse de leur enveloppe, ne conservant que la pulpe, et on ajoute, par 100 kilogrammes de pulpe pulvérisée, 2 kilogrammes de carbonate de soude dissous dans de l'eau, on mélange, on laisse macérer pendant quelques heures. En lavant cette pulpe à grande eau, on recueille par précipitation une fécule très pure.

POUR DONNER AUX POMMES UN GOUT MUSQUÉ

Prenez de la fleur de sureau sèche et faites-en un lit au fond d'une caisse, placez dessus un lit de pommes, puis un lit de fleurs de sureau ; un lit de pommes et ainsi de suite; en ayant soin qu'un lit de fleurs couvre le tout. Fermez la caisse et au bout de 24 heures vos pommes auront pris le goût désiré.

FORMATION D'UNE LAYETTE

Beaucoup de personnes ignorent de quoi se compose le premier trousseau de l'enfance. Voici quels en sont en France les principaux éléments: des chemises courtes, des brassières, des langes de diverses épaisseurs en laine, en molleton et en finette de coton ; des bas, des chaussons, des bonnets, des calottes qui se mettent immédiatement sur la tête, de petites bavettes et des couches en toile.

Nous recommanderons, pour maintenir l'enfant, sans le piquer avec des épingles et permettre de lui laisser les jambes libres, les larges et longues bandes de toile dont on fait usage dans le midi de la France et en Italie.

RECETTES

DE FRIANDISE ET DE CONFISERIE

LES RATAFIAS

On appelle ainsi des liqueurs spiritueuses et aromatisées, faites pour satisfaire le goût.

RATAFIA DE CASSIS

Prenez une livre de cassis bien mûr, épluchez-le grain à grain, écrasez-le dans une grande terrine, après, quoi vous le jetterez ainsi écrasé dans une cruche. Ajoutez-y 4 litres d'eau-de-vie de vin et par chaque litre 180 grammes de sucre râpé. Si vous le jugez à propos, vous pourrez ajouter un peu de cannelle. Vous exposerez cette macération au soleil pendant deux mois, après quoi vous la passerez à la chausse et vous aurez une liqueur excellente, mais qui se bonifie singulièrement au bout de deux ou trois ans.

RATAFIA DE BROU DE NOIX

Choisissez une centaine de petites noix vertes, avant qu'elles soient en cerneaux, c'est-à-dire lorsque l'amande intérieure est encore gélatineuse. Écrasez-les dans un mortier de marbre avec leur enveloppe verte, mettez-les dans une grande cruche avec 9 litres d'eau-de-vie de vin; bouchez et laissez macérer un mois. Après, passez la liqueur au tamis de soie et jettez le marc. Remettez la liqueur dans la cruche et ajoutez trois quarts de livre de sucre blanc, pour chaque litre, 15 clous de girofle, 45 grammes de cannelle et 8 grammes de macis. Laissez le tout macérer encore un mois, puis passez votre liqueur à la chausse. Ce ratafia est tonique et bon pour la diarrhée et les coliques,

lorsqu'elles ne sont pas le produit de l'échauffement.

RATAFIA DE COINGS

Ayant choisi des coings bien mûrs et bien parés ;
vous connaîtrez cette qualité à leur couleur, elle
est pour lors d'un jaune citron et un peu au-dessus
du citron. Comme ces fruits sont toujours coto-
neux, vous essuierez le duvet avec un linge blanc.
Servez-vous ensuite d'une râpe à sucre, pour râ-
per chair et écorce jusqu'au cœur ou pépins que
vous jetterez comme inutiles. Quand vous aurez
préparé de la sorte une suffisante quantité de ces
fruits, pour en tirer autant de suc que nous dirons
ci-après, vous les porterez dans un lieu tempéré
pour les faire fermenter pendant vingt-quatre
heures au plus. Vous apercevrez dès lors que son
odeur sera médiocrement vineuse, et il sera temps
de la passer dans un linge. Cette expression se fera
au grand feu pour en extraire tout le suc ; dans
six pintes de ce suc, vous ferez fondre trois livres
de sucre en poudre ; vous ajouterez quatre pintes
d'eau-de-vie, un pot ou environ de bon esprit-de-

vin, deux clous de girofle, une once de cannelle et un gros de macis : si votre ratafia, après ce mélange, vous paraît trop violent, vous le tempérez par une addition de nouveau suc de coings. S'il vous paraît trop faible, vous remédierez à ce défaut par une nouvelle dose d'esprit-de-vin. On augmentera la dose à proportion de ce qu'on y aura ajouté de nouveau. La liqueur aura un ton convenable, bouchez bien la cruche et placez-la dans un lieu tempéré. Il serait fort inutile de penser à la mettre au soleil, il n'a presque plus de force dans la saison où l'on peut faire le ratafia ; les coings sont rarement mûrs avant le mois d'octobre. Pour bien faire, il faudrait oublier le ratafia pendant tout l'hiver, afin de l'exposer l'été suivant au soleil. Après l'avoir passé par la chausse, il sera d'une couleur charmante, jaune et bien ambrée. Ce ratafia est stomachique.

RATAFIA D'ANGÉLIQUE

Prenez des côtes d'angélique dans la saison nouvelle et dans sa plus grande force, c'est-à-dire, quand la tige est dans toute sa hauteur ; cependant il ne faut pas attendre que la fleur en soit tout à fait épanouie. Rejetez les feuilles comme moins bonnes, coupez les côtes par quartiers, écrasez-les grossièrement dans un mortier de marbre, emplissez-en une cruche jusqu'à la moitié, versez par-dessus de l'eau-de-vie, tant que la cruche pourra en contenir, bouchez-la exactement. Placez-la ainsi au soleil pendant un mois. Versez pour lors votre infusion dans une autre cruche, laissez bien égoutter l'angélique, pour ne rien perdre. Ajoutez six onces de sucre en poudre par pinte de liqueur, un peu de cannelle, un peu de macis, le tout avec précaution, pour ne point affaiblir l'angélique qui doit diminuer. Remettez la liqueur au soleil pendant un mois, après quoi passez à la chausse.

RATAFIA D'ANIS

Pour le faire, concassez une demi-livre d'anis, un quarteron de coriandre, deux gros de cannelle et un gros de macis, mettez-le tout en infusion dans neuf pintes d'eau-de-vie, pendant un mois. Vous aurez soin de sucrer la liqueur avant de boucher la cruche, six onces de sucre pour chaque pinte suffiront. Si la dose de sucre n'est pas assez forte, on l'augmentera un peu. On cassera le sucre par morceaux, à peu près gros comme le poing. On trempera chaque morceau dans de l'eau commune et le retirant promptement, on le jette ainsi imbibé dans la cruche. Après le mois prescrit pour l'infusion, passez votre ratafia par la chausse.

RATAFIA D'EAU DE NOYAU

Dans la saison où les abricots sont dans leur point de maturité parfaite, remplissez de noyaux de ce fruit une cruche d'une contenance quelconque de façon que le demi-tiers de la cruche reste vide. On laissera les noyaux entiers sans en ôter le bois, et, autant qu'il sera possible, on les mettra dans la cruche au sortir du fruit. Lorsque la cruche en sera remplie jusqu'au point indiqué, remplissez-la d'eau-de-vie. Bouchez-la exactement, et exposez-la au soleil pendant deux jours. Ce terme expiré, passez votre infusion par un tamis de soie, pour en séparer les noyaux, que vous jetterez comme inutiles. Remettez votre infusion dans la cruche, et ajoutez six onces de sucre par pinte. Vous casserez votre suc en gros morceaux, que vous tremperez dans l'eau commune avant que de les jeter dans l'infusion. Vous boucherez bien la cruche, et vous l'exposerez encore pendant huit jours au soleil ; après quoi, vous filtrerez le ratafia par la chausse, et vous le mettrez en bouteille.

Le ratafia de noyaux de pêches se prépare de même, et ces deux ratafias ont chacun un caractère particulier qui les distingue. Comme le parfum de l'un et l'autre est fort bon, on ne mêlera dans l'infusion aucun aromate étranger.

RATAFIA DE FLEURS D'ORANGER

Prenez une livre et demie de fleurs d'oranger mondées, c'est-à-dire, uniquement leurs pétales ; mettez les pétales en macération dans neuf pintes d'eau-de-vie. Placez la cruche bien bouchée au soleil pendant un mois. Après quoi, ajoutez une demi-livre de sucre en poudre pour chaque pinte d'eau-de-vie. Rebouchez bien la cruche et l'exposez de nouveau au soleil pendant huit jours, goûtez la liqueur, et si elle ne paraît point assez sucrée, ce que vous reconnaîtrez à son amertume, ajoutez encore du sucre que vous n'épargnerez pas, jusqu'à ce que vous ayez atteint le degré convenable. Rebouchez la cruche et l'exposez de nouveau au soleil pendant huit jours, passez-le alors par la chausse et mettez-le en bouteilles.

RATAFIA DE CÉDRAT

Prenez trois gros cédrats, ou quatre moyens, cassez-les en morceaux gros comme le pouce ou environ ; mettez-les en macération dans six pintes d'eau-de-vie, ou d'esprit-de-vin rectifié ou tempéré par l'eau ; ajoutez six ou sept onces de sucre par pinte. Il faudra casser votre sucre par morceaux, que vous tremperez dans l'eau ordinaire, avant de le jeter dans l'eau-de-vie. Faites durer la macération pendant deux mois, goûtez alors le ratafia. S'il ne vous paraît pas assez sucré, vous y ajouterez ce qu'il faudra de sucre. S'il est trop violent, vous y ajouterez un peu d'eau ; s'il est trop faible, un peu d'esprit-de-vin. L'ayant mis au ton que vous désirez, continuez la macération pendant huit jours encore ; après quoi, vous passerez par la chausse, jusqu'à ce que la liqueur soit bien claire.

Vous serez surpris de la bonté et de la beauté du ratafia de cédrat, surtout si on se donne la peine de le teindre en rouge.

———

RATAFIA DE GRENADE

Choisissez des grenades douces en gros grains, sans aucune tache et dans leur parfaite maturité, ce que vous reconnaîtrez par le vermeil du grain. Ouvrez vos grenades et ayez soin d'en ôter les membranes qui servent de cloison ou séparation intérieure aux grains. Après avoir égrené vos grenades, pressez-les avec la main dans un tamis, afin que le jus tombe dans une terrine, sans mélange de grains ni d'autre chose. Faites fondre deux livres de sucre dans quatre pintes de ce jus, sans autre sirop. Mettez ensuite cinq chopines d'eau-de-vie ou de l'esprit de cannelle, ce qu'il en faudra pour assaisonner le ratafia, passez ce mélange par la chausse, et quinze jours après le ratafia sera excellent, bon à boire et d'une rare beauté. Pour faire ce ratafia double, sur deux pintes de jus de grenade, vous mettrez environ deux livres, cinq demi-setiers d'esprit-de-vin, et de l'esprit aux quatre grains, selon l'assaisonnement que vous jugerez convenable.

RATAFIA D'ANIS

Prenez deux graines d'anis entières, une once et demie, eau-de-vie à vingt-quatre degrés, trois livres; sucre, deux livres et demie; eau, deux livres. On met infuser l'anis dans l'eau-de-vie pendant trois ou quatre jours. Au bout de ce temps, on le passe au travers d'un linge. D'une autre part, on fait dissoudre le sucre dans l'eau. Lorsqu'il est dissous, on ajoute l'infusion de graines d'anis. On mêle les deux liqueurs; on laisse reposer ce mélange jusqu'à ce qu'il se soit éclairci, on le filtre au travers d'un papier gris.

RATAFIA CONNU SOUS LE NOM D'EAU-JAUNE

Prenez un pot d'eau-de-vie, une chopine d'eau de mélisse, une chopine d'eau de chardon béni, une once d'angélique confite, un quart d'once de girofle, une once de coriandre, un quart d'once de cannelle, une once d'anis, une livre de sucre, deux gros de galonga; exposez le tout au soleil pendant trois semaines.

RATAFIA DE VESPETRO

Pour un pot d'eau-de-vie, on prend une livre de sucre bien pilé, deux citrons desquels on coupe les zestes, on en exprime le jus, ensuite on met le reste en petits morceaux et on le jette dans l'eau-de-vie. On prend ensuite un gros et demi de semences d'angélique, un gros de cannelle, quatre gros de coriandre, seize clous de girofle. On pèse bien ces quatre drogues, on les met encore dans l'eau-de-vie. On laisse infuser le tout pendant huit jours, si le sucre n'est pas totalement fondu.

13.

On passe ensuite la liqueur par la chausse ou le papier gris. Il faut faire attention de remuer souvent la bouteille, et, pour empêcher le girofle de trop dominer, on fera bien de n'y en mettre que la moitié de ce que nous avons dit.

ANISETTE DE BORDEAUX

Prenez eau de rivière, deux livres ; esprit-de-vin à trente degrés, une livre ; huile essentielle d'anis, trois gouttes ; sucre royal, une once et demie. On mêle toutes ces substances et on tire par inclinaison la liqueur ; lorsqu'elle est bien éclaircie, on la filtre au travers d'un papier joseph.

LIQUEUR DE GROSEILLES RAFRAICHISSANTE

On choisit et l'on égraine une livre et demie de groseilles bien mûres, auxquelles on ajoute

120 grammes de framboises bien épluchées. On jette le tout dans un mortier de marbre; on écrase en roulant le pilon, de manière à ne pas écraser les pépins, on ajoute les trois quarts d'un litre d'eau, et l'on roule encore, puis on verse le liquide dans un vaisseau et on laisse infuser pendant une heure. On pèse ensuite 360 grammes de sucre que l'on met dans un pot, on le couvre d'un gros linge, on coule le liquide au travers, on exprime le marc sous la presse, et lorsque le sucre est fondu, on filtre la liqueur au travers de la chausse, on y ajoute 20 centilitres de bonne eau-de-vie. Cette liqueur ne peut se conserver longtemps.

LIQUEUR DE ZESTES DE CITRONS

On verse un litre d'eau froide dans un vaisseau exempt de toute odeur; on y jette 50 grammes de zestes de citrons nouvellement confits, on approche le vaisseau du feu et l'on échauffe et entretient le liquide à une température très peu au-dessous de l'eau bouillante, jusqu'à ce qu'il ait acquis une belle couleur jaune citron. On retire le vaisseau du feu, et quand tout est refroidi, on tire la liqueur au clair, on y fait fondre 180 grammes de sucre blanc, on exprime le sucre de deux petits citrons, et on passe au travers d'un linge. On ajoute 20 centilitres de bonne eau-de-vie. On agite ensuite fortement le mélange et on laisse reposer.

LIQUEUR D'ÉCORCES D'ORANGES CONFITES

On pèse 50 grammes de zestes d'oranges confites au sucre et on les jette dans un litre d'eau froide. Suivre les mêmes procédés que pour la liqueur de zestes de citrons.

BAVAROISE AU LAIT

Faites bouillir de bon lait, sucrez avec du sirop de capillaire et ajoutez, selon le goût, du lait d'amandes douces ou de l'eau de fleurs d'orangers en petite quantité.

BAVAROISE A LA GRECQUE

Mêlez, dans une notable quantité d'eau, du suc de fraises et le jus d'un citron bien mûr. Sucrez avec du sucre blanc ordinaire. Cette bavaroise se fait à froid, elle est très rafraîchissante.

LIQUEUR DE Mme BERTRAND

Dans un litre d'eau-de-vie ordinaire, mettez la moitié d'un bâton de vanille et le zeste d'un bon citron. Laissez macérer au soleil pendant quinze jours, puis passez et sucrez à volonté. Cette recette permet d'utiliser des eaux-de-vie de qualité inférieure et de les transformer en une liqueur très agréable.

PASTILLES D'AMBRE GRIS

On fait préalablement fondre de 16 à 20 grammes de gomme adragante dans 25 centilitres d'eau de cannelle orgée ; on choisira 8 grammes du meilleur ambre gris, que l'on pile avec 500 grammes de sucre blanc, jusqu'à ce que le tout soit réduit en une poudre impalpable ; on exprime le mucilage de la gomme adragante au travers d'un linge blanc, et on y jette peu à peu cette poudre d'ambre, en ayant soin d'agiter fortement le mélange avec une cuiller de bois ; puis on pile et l'on passe au tamis de soie quatre livres ou quatre livres et demie de sucre blanc que l'on fait également entrer peu à peu dans le liquide, que l'on pétrit jusqu'à ce qu'il ait acquis la consistance de la pâte de pain. On divise cette pâte par petites portions auxquelles on donne la forme de pastilles.

SIROP DE GROSEILLES

Prenez deux livres de groseilles, un peu avant qu'elles soient tout à fait mûres, une livre de belles cerises et autant de framboises, ôtez les noyaux et tout ce qu'il y a de vert dans ces fruits, exprimez-en le suc dans une terrine, passez ce suc par un tamis et laissez-le reposer pendant deux fois vingt-quatre heures, après quoi passez-le par la chausse, jusqu'à ce qu'il soit purifié et clair. Le parfum de la framboise est assez volatil, il pourra bien arriver que le suc n'en soit que très faiblement imprégné. Pour remédier à ce défaut, prenez une certaine quantité de framboises bien mûres, c'est-à-dire proportionnellement à la quantité de suc bien rectifié que vous aurez obtenu ; mettez infuser les framboises dans le suc, pendant trois ou quatre fois, après quoi versez le tout sur un tamis de soie, laissez filtrer tranquillement la liqueur sans presser les framboises. Pour huit onces de ce suc, prenez quinze onces de sucre concassé, mettez l'un et l'autre dans un matras, d'abord le sucre, ensuite le suc, placez le matras au bain-marie, sur un feu modéré ; quand le sucre sera tout à fait fondu, vous laisserez éteindre le feu et refroidir le vaisseau, après quoi vous verserez le sirop dans une bouteille.

SIROP D'ORGEAT

Prenez une livre d'amandes amères et autant d'amandes douces, jetez-les dans l'eau bouillante, mais hors du feu; il faut les y laisser tremper un demi-quart d'heure, ou du moins jusqu'à ce que la peau puisse s'en séparer facilement, épluchez-les alors, et à mesure jetez dans de l'eau froide, après quoi pilez-les dans un mortier de marbre, en y jetant, de temps en temps, une petite portion d'une pinte d'eau, dont le reste doit vous servir dans le cours de l'opération; ainsi pilez bien vos amandes, jusqu'à ce qu'elles soient en pâte déliée, de façon qu'on n'aperçoive aucun fragment d'amandes; délayez cette pâte avec la plus grande partie de la pinte d'eau; réservez-en seulement six onces ou environ, passez la pâte délayée au travers d'une toile forte, au moyen de deux personnes qui l'exprimeront fortement ; remettez le marc exprimé dans le mortier, pilez de nouveau, en ajoutant peu à peu le reste de l'eau que vous aurez réservé ; passez de nouveau le mélange par le linge, et tirez-en tout ce que vous pourrez par expression; mettez deux produits ensemble, et c'est ce qu'on appelle lait d'amandes.

Mettez ce lait dans un matras, dont le tiers au

moins demeure vide, ajoutez une livre douze onces de sucre pilé grossièrement, et placez le tout au bain-marie, après avoir bien bouché le matras. Lorsque le sucre sera dissous entièrement, ce que vous obtiendrez en remuant de temps en temps le matras avec précaution, vous laisserez éteindre le feu, et, lorsque le vaisseau sera presque refroidi, vous aromatiserez votre sirop avec une égale quantité de fleurs d'oranger et d'esprit de citron : cela fait, vous pourrez passer le tout au travers d'une étamime blanche et enfin vous le mettrez en bouteilles.

SIROP DE MENTHE

Prenez sommités de menthe frisée récente, quatre onces; eau pure, deux livres ; distillez au bain-marie pour tirer six onces de liqueur; dissolvez, dans un matras au bain-marie, dans cette liqueur, dix onces de sucre réduit en poudre grossière, et conservez ce sirop à part, d'une autre part, passez la décoction, mêlez-la avec quatre livres de casso-nade blanche, clarifiez le tout avec quelques blancs d'œufs, et cuisez en consistance de sirop. Lorsqu'il sera refroidi, mêlez-le avec le premier sirop, et serrez-le dans des bouteilles qui bouchent bien ; ce sirop est cordial et stomachique.

SIROP AU VINAIGRE

Prenez du vinaigre de vin rouge, huit onces ; sucre blanc, quinze onces ; on met le vinaigre dans un matras, avec le sucre en poudre grossière ; on fait chauffer ce mélange au bain-marie, jusqu'à ce que le sucre soit dissous ; on passe le sirop au travers d'une étamine, et le converve dans une bouteille qu'on bouche bien. Ce sirop est rafraîchissant, un excellent anti-putride.

SIROP DE VINAIGRE AUX FRAMBOISES

Prenez un bocal de verre, ou bien une cruche de grès, faites infuser dans une pinte et demie ou deux

pots de bon vinaigre, autant de framboises bien
mûres et bien épluchées qu'il pourra y entrer, sans
que le vinaigre dépasse ; après huit jours d'infusion, versez tout à la fois et le vinaigre et les framboises sur un tamis de soie, laissez librement
passer la liqueur sans presser le fruit ; le vinaigre
étant bien clair et bien imprégné de l'odeur des
framboises, vous en prendrez seize onces, et pour
ces seize onces vous prendrez trois onces de sucre
brut, que vous concassez grossièrement, vous
mettrez dans un matras, vous verserez le vinaigre
aromatisé par-dessus, vous boucherez bien le matras et vous le placerez au bain-marie, à un feu
très modéré ; aussitôt que le sucre sera fondu,
laissez éteindre le feu, et, le sirop étant refroidi,
vous le mettrez en bouteille que vous boucherez
bien.

SIROP DE CITRONS

Exprimez des citrons jusqu'à la concurrence de
huit onces de suc. Ce suc ne sera point clair, il aura
un air louche occasionné par la fécule du fruit.
Pour en séparer la fécule, laissez-le reposer pendant quatre jours à la cave ; après quoi, passez-le

par le papier gris, jusqu'à ce qu'il soit bien clarifié ; faites bien attention à ce qu'il ne moisisse point, car il y est fort sujet. Prenez ensuite quinze onces de sucre royal, cassez-le en petits morceaux gros comme le pouce, mettez-les de la sorte dans un matras de deux ou trois pintes, versez par dessus le sucre, le suc de citrons bien clarifié au moyen du papier gris ; bouchez l'orifice du matras avec un papier, et placez-le sur le feu au bain-marie. Il n'est pas nécessaire de pousser le feu jusqu'au degré de l'eau bouillante, une chaleur plus modérée suffira pour opérer la dissolution du sucre. Aussitôt que vous vous apercevrez que cette dissolution est complète, laissez éteindre le feu et refroidir le matras. Quand il sera presque froid, vous aromatiserez le sirop avec une bonne cuillerée d'esprit de citron. Cela fait, vous verserez votre sirop dans des bouteilles ou fioles longues destinées à cet usage.

Les sirops de cannelle, de grenade, de cerfeuil, de cassis se font de même.

SIROP DE VERJUS

Prenez du verjus bien vert, écrasez-le dans une terrine ; passez-le d'abord au tamis et ensuite par la chausse, jusqu'à ce qu'il soit clarifié. Faites cuire ensuite trois livres de sucre à la petite plume ou au soufflé ; versez, dans la poêle et sur le sucre cuit au degré requis, six livres de suc de verjus ; faites cuire le tout à très grand feu ; après que le sirop a contracté un œil roux, faites-le cuire au perlé : étant cuit, retirez la poêle du feu, laissez refroidir le sirop à demi, mettez-le ensuite en bouteilles.

SIROP DE COINGS

Prenez des coings bien mûrs, râpez-en la chair, passez-la par un linge pour en exprimer le suc, laissez-le rasseoir au soleil ou dans un lieu chaud, jusqu'à ce qu'il ait déposé sa fécule, passez-le alors par la chausse ; votre suc étant bien clarifié, vous prendrez une livre de sucre, pour quatre onces de suc de coings ; après avoir clarifié le sucre selon l'art, vous y verserez le suc de coings, vous ferez cuire le tout au perlé, vous retirerez pour lors la poêle du feu, et le sirop étant presque froid, vous le mettrez en bouteilles.

SIROP DE POMMES

Prenez six belles pommes de reinette pour les couper par petits morceaux, mettez-les dans un matras, avec trois quarterons de sucre en poudre et trois cuillerées d'eau, bouchez bien le matras et placez-le au bain-marie, où vous le laisserez pendant deux heures, le feu au degré de l'eau bouillante ; ayez soin de remuer de temps en temps le matras sans le sortir de l'eau, ce qu'il faut faire adroitement, de peur qu'il ne soit frappé de froid et qu'il ne casse. Après deux heures de cuisson, laissez éteindre le feu et refroidir le matras, sans le sortir du bain. Quand le sirop sera presque froid, vous l'aromatiserez en y exprimant du suc de citron, et en y ajoutant une cuillerée d'esprit de citron, ou si vous l'aimez mieux, une cuillerée d'esprit de cannelle ou bien de l'eau de fleurs d'oranger, ou enfin tel parfum qu'il vous plaira : vous pourrez bien voir pour lors une espèce de fécule se précipiter au fond du matras ; laissez reposer le tout pendant quelques heures encore, après quoi vous versez doucement le sirop dans les bouteilles, il faut tâcher d'opérer avec assez d'adresse pour qu'il ne se trouble pas.

SIROP D'ÉCORCE DE CITRON

Prenez cinq onces de zestes récents de citron, mettez-les dans une cucurbite de verre, que vous aurez soin de bien échauffer auparavant et par degrés ; si vous craignez de casser la cucurbite, servez-vous d'un vaisseau de terre vernissé, capable de résister au feu. Versez sur vos cinq onces de zestes de citron, deux livres d'eau presque bouillante, bouchez le vaisseau exactement et placez-le sur la cendre chaude pendant douze heures ; après ce temps, coulez l'infusion sans expression des restes, ajoutez deux livres de sucre en poudre grossière ; faites cuire le tout au bain-marie, jusqu'à ce qu'il soit au grand perlé ; retirez alors le vaisseau du feu, et quand il sera à demi refroidi, vous augmenterez un peu le feu en y versant quelques gouttes d'esprit de citron.

SIROP D'ŒILLETS

Prenez fleurs d'œillets rouges, onglés et séchés, une once ; girofles concassés, eau bouillante, dix onces ; sucre, une livre ; on met les œillets et les girofles dans une cucurbite d'étain ; on verse par-dessus l'eau bouillante ; on laisse le tout en infusion pendant vingt-quatre heures ; ensuite on passe cette infusion avec expression, on fait reposer la liqueur et on la filtre ; on ajoute le sucre et on le fait fondre à une chaleur douce, dans un vaisseau clos. Ce sirop est fortifiant, cordial.

SIROP DE SUCRE POUR LES LIQUEURS

Faites bouillir deux livres de sucre avec une chopine d'eau, écumez-les en y mettant peu à peu, pendant qu'il bout, une autre chopine d'eau. Cela fini, mettez-y un blanc d'œuf fouetté en neige avec la coquille ; le tout ayant fait un bouillon, pressez-le à la chausse.

SIROP DE JASMIN

Sur un quarteron de fleurs épluchées, versez un demi-setier d'eau bouillante, faites infuser à chaud pendant douze heures. Le vase couvert, passez avec expression et mettez dans le sucre cuit ou cassé ; faites bouillir à petit feu jusqu'à ce qu'il soit à la cuisson du perlé. Il faut deux livres et demie de sucre pour un quarteron de fleurs, et le tout doit produire une bonne pinte de sirop.

CERISES A L'EAU-DE-VIE

Il faut choisir des cerises de bonne qualité aussi belles que possible et bien mûres. L'espèce qui nous paraît la plus propre à cet emploi est la cerise de Montmorency à queue courte. On coupe à chaque cerise les trois quarts de la queue, on les met à mesure dans l'eau fraîche, et, après les y avoir laissées une demi-heure, on les égoutte sur un tamis, et on les essuye légèrement dans un linge. Alors, pour chaque kilog de fruit, on prend 200 grammes de sucre, on le clarifie et on le cuit au grand perlé. Quand le sirop est à ce point, on y met les cerises et on leur laisse prendre deux ou trois bouillons, en les remuant doucement avec une écumoire. Lorsque les cerises ainsi mélangées avec le sirop sont froides, on les range dans le bocal, on verse le sirop par dessus, et ensuite on ajoute la quantité nécessaire d'eau-de-vie, environ 2 litres par kilogramme de fruit. Agitez le mélange et bouchez hermétiquement.

ABRICOTS A L'EAU-DE-VIE

On emploie des abricots cueillis un peu avant leur maturité. Après avoir enlevé le duvet en les frottant avec un linge, on les pique jusqu'au noyau, avec une aiguille, à plusieurs endroits, puis on les met dans l'eau fraîche et ensuite dans une bassine placée sur le feu et contenant un léger sirop de sucre bouillant. On les enfonce avec le plat de l'écumoire jusqu'à ce qu'ils cessent de venir à la surface. On les retire ensuite un à un, lorsqu'ils commencent à s'amollir, pour les faire égoutter sur un tamis. On clarifie alors le sirop resté sur le feu avec un peu de blanc d'œuf ; on le fait cuire jusqu'à bonne consistance et on le verse bouillant sur les abricots rangés dans une terrine, de manière à ce qu'ils restent couverts par le sirop pendant 24 heures. Après, on les met avec précaution dans des bocaux et on y verse le sirop qu'on mélange avec trois parties d'esprit-de-vin à 22°. Bouchez avec soin.

PRUNES A L'EAU-DE-VIE

Même recette que pour les abricots. Il faut choisir de préférence les prunes de reine-claude violettes.

BONBONS FONDANTS

On met dans un poêlon 400 grammes du sucre concassé, un quart de litre d'eau et un demi-bâton de vanille. On place le poêlon sur un feu ardent et on fait cuire le sucre au petit boulé, en ayant le soin de laver fréquemment les parois du poêlon pendant la cuisson, pour que le sucre ne grène pas. Quand il est cuit à point, on retire la vanille et on le verse sur un marbre froid parfaitement propre. Dès qu'il est refroidi, on le travaille à l'aide d'une espèce de houlette dont le bout est recourbé en forme de crochet plat, en détachant peu à peu le sucre du marbre et ramenant la masse au milieu, en le tirant et le refoulant avec la houlette. Après ce travail, continué pendant 20 ou 25 minutes, le sucre doit être prêt à être employé. Alors, on lui associe diverses substances parfumées : orange, café, chocolat, etc., et on le moule sous toutes les formes.

FLEURS D'ORANGER PRALINÉES

On fait cuire au boulé 250 grammes de sucre et on y ajoute 250 grammes de fleurs d'oranger bien lavées et bien égouttées ; on verse ce mélange dans une terrine qu'on recouvre d'un rond de papier. Le lendemain on égoutte les fleurs en les pressant légèrement et l'on verse le sirop dans un poêlon avec 50 grammes de sucre concassé qu'on fait encore cuire au boulé ; on y ajoute les fleurs, on donne deux bouillons, et, après avoir retiré le poêlon du feu, on remue peu à peu les fleurs en travaillant le sucre contre les parois du poêlon, puis on les verse sur un tamis où elles doivent être étalées. Il faut ensuite les égoutter, les sécher en les sautant dans du sucre en poudre un peu chaud. On les conserve dans des bocaux de verre ou dans des boîtes garnies de papier.

14.

CROQUIGNOLES

Prenez 125 grammes de sucre en poudre (vanillé si l'on veut), deux blancs d'œufs. Battez le tout ensemble jusqu'à la consistance de pâte épaisse pouvant être placée sur du papier sans couler. Prenez cette pâte et formez-en, sur une feuille de papier blanc, de petits tas moins gros que ne seraient des macarons. Mettez de suite dans un four de chaleur douce, trois heures après en avoir retiré le pain. Laissez-y les croquignoles jusqu'à ce que l'on puisse, en en cassant une, s'assurer que l'intérieur est bien sec. Retirez du four, laissez refroidir, gardez-les dans un endroit très sec. On peut les garder très longtemps.

MOYEN POUR PARFUMER LE SUCRE

Râpez le sucre avec l'objet qui doit le parfumer, comme l'orange par exemple ; enlevez, au fur et à mesure, le résidu avec un couteau, et recommencez

toujours de même jusqu'à ce que vous ayiez la
quantité désirée ; faites-le sécher, écrasez-le, passez
à la passoire afin de l'avoir un peu graineux, et
servez-vous en pour parfumer, comme aussi en
guise de non pareille. Ce même sucre se colore de
plusieurs manières, soit en le frottant avec du vert
d'épinards, du carmin ou du chocolat râpé ; si vous
voulez lui donner le goût de la vanille, pilez-en un
bâton avec votre sucre et passez-le au tamis.

RECETTES

CURIEUSES ET AMUSANTES

RECETTES DES ENCRES DE COULEUR

Encre bleue.

On mêle 30 gr. de crème de tartre et autant de vert-de-gris dans 100 gr. d'eau. La liqueur étant réduite à moitié par l'ébullition, on y ajoute de la gomme arabique en poudre.

Encre verte.

On fait infuser dans l'eau gommée du vert-de-gris pulvérisé et du suc de rue et de safran en égales proportions.

Encre violette.

On met dans un vase sur le feu 4 kilogrammes d'eau (4 litres) et 500 gr. de bois de campêche découpé et on laisse bouillir ce mélange jusqu'à ce que le liquide soit réduit à 2 kilogrammes. Alors on passe et l'on ajoute 100 gr. de gomme arabique et 150 grammes d'alun. Cette encre ne dépose pas et n'oxyde pas les plumes métalliques.

Encre rouge.

Prenez 125 grammes du meilleur bois du Brésil, râpez-le ou râclez-le, 32 grammes de sel de tartre et autant d'alun ; faites bouillir ces ingrédients dans un litre d'eau filtrée jusqu'à ce qu'elle soit réduite de moitié. Alors ajoutez à votre encre, que vous aurez filtrée toute chaude, 32 grammes de gomme arabique avec autant de sucre blanc. En ajoutant un peu de sel, on empêche cette encre de moisir.

ENCRES SYMPATHIQUES

On appelle ainsi celles qui ne laissent aucune trace visible des caractères tracés. Les plus simples sont le jus de citron ou le jus d'oignon, ou encore l'acide sulfurique étendu d'eau, qui reparaissent sur le papier, lorsque celui-ci est exposé à la chaleur.

Si l'on écrit avec une dissolution de nitrate d'argent suffisamment étendue d'eau, les caractères disparaîtront lorsque le papier sera plié et serré, pour reparaître lorsqu'on les exposera à une lumière un peu vive.

Si l'on fait dissoudre du chlorure de cobalt dans une suffisante quantité d'eau et qu'on écrive avec cette solution, les caractères restent invisibles. Ils apparaissent en bleu lorsque l'on fait chauffer le papier.

Autre encre sympathique.

Pour composer cette encre, il faut prendre une once de sel de cobalt, que l'on fait fondre dans une pinte, au plus, d'eau bien nette et bien pure, jusqu'à ce qu'elle ait acquis une couleur de rose. Tout ce qu'on écrira ou dessinera sur le papier ou même sur le taffetas avec cette dissolution, disparaîtra en séchant, et dès que l'eau sera évaporée, le papier restera blanc et sera ainsi envoyé à sa destination. On peut même dessiner ou écrire toute autre chose dans les intervalles, interstices, ou interlignes, avec de l'encre ordinaire afin de donner le change. Aussitôt qu'on approchera, mais légèrement, le papier ou le taffetas du feu, le dessin ou l'écriture cachée se montrera en vert céladon, et le tout disparaîtra de nouveau à mesure du refroidissement.

Cette opération peut se répéter huit à dix fois, en ne chauffant pas trop le dessin ou l'écriture, parce que sans cela les traits se noircissent et deviennent indélébiles. Il est inutile d'observer que cette encre chimique peut être employée dans une foule d'occasions, soit d'utilité ou d'agrément.

Elle se conserve fort longtemps en bouteille.

ENCRE INDÉLÉBILE

Faire dissoudre de l'encre de Chine dans une solution de soude caustique à 1° de l'aréomètre Baumé.

ENCRE POUR ÉCRIRE SUR LE VERRE

Faire dissoudre à une douce chaleur, 5 parties de copal en poudre dans 32 parties d'essence de lavande, et colorer par du noir de fumée, de l'indigo ou du vermillon.

ENCRE POUR GRAVER SUR LE VERRE

On sature l'acide fluorhydrique du commerce par de l'ammoniaque, on ajoute un volume égal d'acide fluorhydrique, et on épaissit avec un peu de sulfate de baryum en poudre fine. On peut écrire avec une plume métallique ; l'encre mord presque instantanément ; il suffit ensuite de laver à l'eau.

MOYEN DE FAIRE SERVIR LES MARRONS D'INDE EN GUISE DE LAMPE DE NUIT

Pelez les marrons, faites-les sécher, puis percez-les de part en part avec une très petite vrille Lorsque vous voudrez vous en servir, vous les ferez tremper dans quelque huile que ce soit ; ensuite prenez-en un ; vous passerez, à travers le petit trou que vous y aurez fait, une mèche longue comme le petit doigt, et vous la mettrez dans un vase de terre où il y aura de l'eau, puis vous allumerez la mèche qui brûlera jusqu'au jour.

MOYEN DE HATER, EN HIVER, LA FLORAISON DES OIGNONS DE FLEURS, DANS LES APPARTEMENTS

Il faut prendre trois onces de sel de nitre, une once de nitre cubique, une demi-once de potasse, une demi-once de sucre, et une livre d'eau de pluie.

On fera fondre les sels à une chaleur douce,

dans un pot de terre vernissée, la solution achevée, on y ajoutera le sucre, et on filtrera.

Cette liqueur se met à la quantité de huit à dix gouttes dans une carafe à fleurs, pleine d'eau de pluie ou de rivière. On a soin de tenir ces carafes toujours pleines, et d'en renouveler l'eau tous les dix à douze jours, en y mêlant chaque fois une dose pareille de la liqueur. Il faut placer les oignons sur la corniche d'une cheminée où l'on fait régulièrement du feu.

On peut se servir du même mélange pour l'arrosement des fleurs dans des pots, ou pour remplir les assiettes sur lesquelles on les pose, afin d'entretenir humides la terre et les oignons qu'ils contiennent.

MOYEN DE FAIRE MURIR LES FIGUES

Dans le Midi et même en Italie, on hâte la maturité des figues dont l'œil commence à rougir en laissant tomber sur cet œil une imperceptible goutte d'huile.

Une figue huilée mûrit dix jours avant celle qui ne l'est pas.

ll y a plus de cent ans (1769), que ce même moyen était pratiqué plus au nord de la France, mais avec certaines variantes. Les branches les plus chargées de fruits étaient piquées avec un canif à un demi-pied au-dessus du fruit. Contre cette piqûre était lié un petit cornet de parchemin plein de fiente de pigeon et d'huile. Tous les quatre ou cinq jours, on mettait une goutte de ce mélange sur les figues comme ci-dessus et leur maturité arrivait en avance d'un mois. D'autres, plus ingénieux encore, mais moins ragoûtants, ont prescrit d'enduire complètement les fruits de ce mélange d'huile et de fiente de pigeon. Il n'est pas besoin de demander si on pelait le fruit pour le manger.

PIERRE DE TOUCHE ÉCONOMIQUE

Prenez une pierre à feu, frottez dessus le métal qu'il vous importe de connaître, lorsque l'empreinte métallique est suffisamment marquée, enflammez une allumette bien soufrée et approchez-en aussitôt la flamme bleuâtre de l'endroit frotté; l'empreinte de l'or seule restera.

MOYENS DE RECONNAITRE LES SOURCES

Ils n'ont rien de scientifique, mais ils sont fondés sur l'observation de la nature et valent bien la baguette de coudrier.

Il faut, un peu avant le lever du soleil, se coucher sur le ventre, et, appuyant son menton sur la terre, regarder tout autour de soi; si l'on voit en un endroit s'élever une légère vapeur, c'est un signe qu'il y a de l'eau.

Il faut aussi examiner la qualité de la terre: la terre noire, le gravier noir, non éloigné des rivières, le gravier dur, dans les cailloutages, peuvent dénoter la présence d'eaux excellentes.

Enfin on peut conjecturer qu'il y a de l'eau là où, loin des étangs et cours d'eau, l'on voit croître spontanément des saules, des roseaux et diverses herbes aquatiques.

RÈGLES POUR DÉCHIFFRER LES ÉCRITURES
SECRÈTES

Nous n'avons point la prétention d'écrire, sous cette rubrique, un traité de cryptographie. Nous nous contenterons d'indiquer, d'après MM. B. Jacob et C. Joliet, les règles usitées pour lire les écritures faites en français, avec l'usage de lettres de convention ou de chiffres ou de signes.

Le premier point est de dresser le catalogue des caractères du cryptogramme, et de noter combien chacun est répété de fois.

Les mots composés d'un très petit nombre de syllabes doivent être les premiers dont on s'occupe dans l'opération du déchiffrement. Ils laissent sans trop de peine les voyelles se révéler, et cette découverte conduit à celle des consonnes.

La voyelle *e* est la lettre la plus fréquemment répétée en français, c'est la seule qui se double à la fin des mots, (aimée, rusée); et qui se triple dans le participe passé féminin des verbes en *éer* (gréée, créée).

Si vous avez découvert le mot *le* et que vous ayiez un autre mot de trois lettres commençant par *l e*, vous êtes sûr que la troisième lettre est un *s*.

Trouvez-vous un autre mot de trois lettres dont les deux premières sont *e s*, la troisième sera certainement *t*.

La lettre *s* étant connue, vous trouverez facilement les mots de deux lettres *si* et *sa*, et le mot de trois lettres *ses*.

La lettre *i* commençant un mot de deux lettres vous donnera *il*, etc.

Lorsque ces premières recherches vous auront fait connaître ses six lettres *a, e, i, l, s, t*, vous découvrirez bientôt des mots composés d'un plus grand nombre de lettres. Ainsi précisément dans le mot *lettre* tout est connu excepté la lettre *r*, dans le mot *ville*, tout excepté *v*.

En déterminant partout les lettres ainsi acquises, que l'on pose au-dessous de chaque lettre reconnue du cryptogramme, on marche de découverte en découverte.

Enfin, lorsqu'on sera parvenu à connaître ainsi un certain nombre de mots, on trouvera sans peine les autres en comblant les lacunes.

Ajoutons quelques observations particulières qui complètent les règles précédentes :

La lettre *e*, dans un mot de deux lettres, est toujours précédée des consonnes *c, d, h, j, l, m, n s, t*, ou suivie de *h, n, s, t, u, x*.

Trois lettres peuvent seules former un mot complet : *o, a, y*.

L'*y* s'emploie rarement soit seul, soit dans le

corps des mots. L'*a*, dont l'usage est fréquent, se trouve souvent à la fin des mots de deux lettres ; l'*o*, au contraire, ne s'y rencontre jamais. L'interjection *ô* précédant toujours un mot, substantif ou adjectif, ne peut être la dernière lettre d'une phrase. Ce mot n'est jamais répété deux fois de suite comme cela arrive pour l'*a*.

Des diphtongues *ai, au, eu, oi, ou*, la dernière est celle qui revient le plus souvent, surtout dans les mots de quatre syllabes.

Lorsque deux mots d'une seule lettre sont placés à la suite l'un de l'autre, c'est le plus fréquemment un *y* suivi d'un *a*, comme dans cette phrase : *il y a* ; ensuite l'inverse *a y*, comme dans cette autre : *à y voir*.

Dans les mots formés de deux lettres où se trouve la voyelle *a*, elle précède ordinairement les lettres *h, i, u* (*ah, ai, au*) ou bien elle est après les lettres *l, m, n, s, t*, comme *la, ma, na, ta, sa*.

La lettre *s* est la seule qui, terminant un mot, puisse être précédée de trois lettres pareilles, qui sont toujours trois *e*.

Précédée de deux *e*, la dernière lettre d'un mot ne peut être que l'une des cinq suivantes : *l, m, n, r, s* : réel, Bethléem, Européen, agréer, fusées.

La lettre *q* ne s'emploie jamais, excepté à la fin des mots *coq* et *cinq*, sans être suivie de la voyelle *u*.

Les mots formés de trois lettres sont les plus difficiles à déchiffrer lorsque la même lettre s'y trouve deux fois comme dans *été, ici, non, ses.*

Ajoutons à ces observations que pour déchiffrer les écritures secrètes il faut beaucoup d'attention, de méthode, et une certaine dose de subtilité.

BOUTEILLE LUMINEUSE

Il est facile de préparer une bouteille ou une fiole qui éclaire assez pendant la nuit pour que l'on puisse distinguer sans peine l'heure sur le cadran d'une montre, ainsi que d'autres objets.

On prend une fiole de verre blanc bien clair et de forme allongée. On fait chauffer dans un vase quelconque de la belle huile d'olive, quand elle est bouillante, on jette dans la bouteille un morceau de phosphore de la grosseur d'un poids tout au plus, et l'on verse avec précaution l'huile dessus jusqu'à ce qu'il y en ait au tiers de la fiole; on la bouche bien, et quand on veut s'en servir, on soulève le bouchon pour y laisser entrer l'air extérieur, puis on la rebouche : l'espace vide de la fiole paraîtra enflammé, et donnera autant de clarté qu'une lanterne sourde ordinaire. Chaque

15.

fois que la lumière disparaît, on soulève de nouveau le bouchon, et elle reparaît à l'instant. Il faut observer que pour peu que le temps soit froid, il est nécessaire d'échauffer la fiole dans les mains avant de soulever le bouchon; sans cette précaution, elle ne donnerait point de lumière. Une fiole ainsi préparée peut servir tous les jours pendant six mois; elle n'a aucun danger pour le feu, et elle ne coûte presque rien.

RECETTE POUR RENDRE LE PAPIER INCOMBUSTIBLE

Il suffit de tremper du papier dans une forte solution d'alun, et ensuite de le faire sécher, pour le rendre incombustible. Peu importe que le papier soit blanc, écrit, imprimé, peint ou marbré. Le procédé convient à tous. Il y a mieux; c'est que, loin d'altérer la couleur ou la qualité du papier, cette opération contribue à les améliorer. On conçoit à combien d'applications importantes une telle indication peut servir.

Quelques papiers nécessitent deux trempages.

VERNIS POUR LES TABLEAUX

Il ne faut de vernis aux tableaux que pour rappeler les couleurs, les conserver, et non pas les colorer ou leur donner un brillant qui empêcherait de distinguer les sujets ; il faut aussi éviter qu'ils soient ternes, ils doivent être au contraire blancs, légers, et doux. A l'esprit-de-vin, ils font gercer les couleurs ; à l'huile, il les empâtent ; étant trop colorés et trop mous, ils voilent les draperies et empêchent qu'on ne puisse les nettoyer, puisqu'on enlève en même temps les couleurs. Ces inconvénients ont fait rejeter tous les vernis à l'esprit-de-vin, et les vernis gras pour les tableaux, afin d'en adopter un à l'essence de térébenthine.

Pour que ce vernis soit beau, qu'il nourrisse parfaitement la toile, maintienne les couleurs dans leur état, et pour qu'on puisse l'enlever sans dégrader le sujet, composez-le avec du mastic [1] et de la térébenthine que vous ferez fondre ensemble dans de l'essence, repassez-le et le laisser clarifier. Vous pouvez l'employer sur les tableaux, mais il doit être composé avec soin.

1. On appelle ainsi la résine du lentisque de Chio.

VERNIS ORDINAIRE

Solution alcoolique saturée de gomme laque blanche.

———

VERNIS POUR LES BOIS DONT LA DURETÉ EST TELLE QU'IL RÉSISTE A L'ACTION DE L'EAU BOUILLANTE

Huile de lin	1 livre et demie.
Ambre jaune.	1
Litharge pulvérisée . . .	5 onces
Blanc de céruse pulvérisé .	5
Minium pulvérisé . . .	5

On fait bouillir de l'huile de lin dans un vase de cuivre rouge non étamé, et on y tient suspendus, dans un petit sac, la litharge, la céruse et le minium, en ayant l'attention de ne pas leur faire toucher le fond du vase.

On continue la cuisson jusqu'à ce que l'huile prenne une couleur brune foncée; alors on retire le petit sac, l'on jette ensuite une gousse d'ail, et l'on continue la cuisson en renouvelant cette gousse sept à huit fois.

L'ambre ne sera ajouté à l'huile qu'après avoir été fondu de la manière suivante. On prend la dose d'ambre ci-dessus indiquée, avec deux onces d'huile de lin que l'on placera sur un feu violent. Lorsque la fusion sera complète, on la versera bouillante dans l'huile, que l'on continuera de laisser bouillir pendant deux ou trois minutes en remuant bien le tout, après quoi on filtrera cette mixture et on la conservera, lorsqu'elle sera refroidie, dans des bouteilles bien bouchées.

Ce vernis est aussi solide que la manière de s'en servir est facile.

Après avoir bien poli la pièce de bois sur laquelle vous voulez appliquer le vernis, on y met une légère couche d'un mélange de suie avec de l'essence de térébenthine. Quand ce premier enduit est parfaitement sec, on y passe une couche de vernis avec une éponge fine, afin de la distribuer bien également. Ces couches se répètent jusqu'à quatre fois, après avoir toujours eu soin de bien laisser sécher la précédente. Après la dernière couche, on place la pièce vernie dans une étuve jusqu'à dessiccation, afin de pouvoir polir sans crainte.

Les nuances que l'on veut donner au bois vernis dépendent de la première couche que l'on donne, et qui, comme on l'a vu plus haut, est appliquée avant le vernis et a pour base la couleur que l'on désire obtenir.

GLU MARINE

Laisser en contact, trois à quatre jours, une partie de caoutchouc et trois parties d'huile de goudron. Décanter le liquide et y dissoudre à chaud trois parties de gomme laque. Couler dans des moules; la masse se solidifie à froid. Pour réunir le bois et faire des vases étanches.

MOYENS POUR PRENDRE BEAUCOUP DE POISSON

Ce moyen pourra sembler répugnant à quiconque n'est pas pêcheur, mais, en somme, il est moins malpropre que beaucoup d'autres.

Il consiste à faire descendre, à l'endroit où l'on veut pêcher, un sac en filet dont les mailles seront assez serrées et dans lequel on aura mêlé, avec de petites pierres qui le retiennent au fond, des caillots de sang de bœuf.

On amorcera son hameçon avec des petits cubes de sang caillé préparés d'avance sur une planchette de bois. Ce moyen, le plus sûr de tous, convient à tous les poissons de rivière sans exception.

Au reste, les recettes abondent pour attirer et prendre le poisson. Nous en allons donner quelques-unes assez bonnes, mais dont aucune ne vaut, selon nous, celle qui précède.

Prenez deux litres de fèves sèches, faites-les bouillir dans un pot jusqu'à ce qu'elles soient bien cuites. Prenez aussi un paquet de verveines que vous ferez bouillir et mêlez à ces deux substances une livre de miel. Vous ferez du tout une pâte que vous jetterez par boulettes à l'endroit où vous voulez faire venir le poisson. Règle générale : choisir toujours, pour la pêche à la ligne, un fond plat de 1 m. 50 c. à 2 mètres d'eau et exempt d'herbes aquatiques.

Pour prendre des truites.

Ayez des vers de terre rouges et frottez-les avec de l'huile d'aspic. Vous les mettrez ensuite à votre hameçon à défaut de mouches.

Pour faire remonter le poisson.

Un assez bon moyen pour opérer un remontage de poisson à l'endroit où l'on veut pêcher, c'est d'y jeter un sac en filet rempli de cailloux et de crottin de cheval frais.

Les verres de terre qu'on a fait mourir dans de l'huile de camomille constituent aussi un bon appât. En général, les odeurs fortes : vieux fromage, assa fœtida, etc., attirent le poisson.

MOYEN D'EMPOISSONNER UN ÉTANG

Vers le commencement du mois de mai, prenez la racine d'un saule sur le bord de l'eau, bien garnie de radicelles. Otez-en la terre et attachez-la à un pieu solide que vous enfoncerez dans un étang bien poissonneux en l'y laissant tremper tout entière. Le poisson y déposera ses œufs et son frai. Après quelques jours, enlevez la perche et la racine et transportez-les avec précaution dans l'étang que vous voulez empoissonner, de façon que la racine sorte d'environ deux ou trois pouces au-dessus de la surface de l'eau. La nature se chargera du reste de l'opération.

MOYEN DE PRODUIRE DES ASTICOTS POUR LA PÊCHE

Suspendez, dans un grenier, une tête de mouton au bout d'une ficelle et placez dessous une terrine remplie de sciure ou de son. Au bout de quelques jours, les asticots se produiront et tomberont dans le vaisseau où on les recueillera facilement.

Autre moyen.

Enterrez dans la terre à une faible profondeur un morceau de viande corrompue et recouvrez-le d'une mince couche de terre. Mais ce moyen est moins propre que le premier.

CONSTRUCTION D'UN OPTIQUE

C'est un jeu qui convient beaucoup aux enfants. Pour le disposer, prenez une boîte en forme de carré long, de bois ou de carton. Sur le devant de la boîte est adapté un verre d'optique, dont le foyer doit être proportionné à la longueur de la boîte. En donnant cette longueur, l'opticien à qui on l'achètera donnera le verre convenable. Le derrière de la boîte est à jour et, à l'extrémité sont pratiquées des rainures verticales dans lesquelles on glisse successivement les tableaux qu'on veut faire apparaître. Ces tableaux, qui sont d'ordinaire des gravures coloriées, sont entourés d'un léger cadre de bois, afin de glisser facilement dans les rainures et restent tendus. La boîte est éclairée derrière, soit par la lumière du jour, soit par une lumière artificielle. Pour voir les effets produits, on applique l'œil au verre d'optique. Pour les effets de nuit, on pique la gravure aux endroits où l'on veut simuler des lumières et l'on couvre la boîte par dessus.

FEUX JAPONAIS

Les feux japonais que l'on appelle aussi feux chinois sont des tableaux sur lesquels on a dessiné et colorié certains sujets. Le fond est noir, afin que les lumières placées derrière ne soient point aperçues et que les sujets paraissent au contraire lumineux. On reproduit ainsi l'illusion des feux d'artifice, mais sans bruit et sans danger d'incendie. La construction de ce petit théâtre ressemble à celle des ombres chinoises. On choisit l'embrasure d'une porte placée entre deux pièces de façon que ceux qui opèrent se trouvent dans une endroit éclairé et les spectateurs dans l'obscurité. Dans l'embrasure de cette porte, on établit un châssis fixe qui doit la remplir entièrement et dont l'ouverture aura les mêmes dimensions que les dessins coloriés dont on doit se servir. Deux coulisses, adaptées à ce châssis, permettent de faire avec facilité le changement des sujets. Il faut avoir autant de cadres que de dessins. Ceux-ci dont, on l'a dit, le fond est noir, doivent être peints de couleur vives et piqués au moyen d'épingles ou découpés avec des ciseaux lorsque l'on veut produire l'effet d'une vive lumière. Les feuilles de papier doivent être collées et tendues.

LANTERNE MAGIQUE

Ce jeu consiste en une boîte de fer-blanc dont les formes sont généralement identiques, quoique les dimensions puissent varier. Chaque côté de la boîte a environ 22 centimètres. Le derrière de la boîte s'ouvre et se forme au moyen d'une porte à charnière. Elle sert à introduire la lampe ou la bougie maintenue au fond de la boîte et derrière laquelle on place un réflecteur concave. Dans le haut est une cheminée courbe, et dans le bas on pratique des trous pour aérer la boîte. Le côté, formant le devant de la boîte, porte un tube mobile qu'on peut allonger à volonté et renfermant deux lentilles. Derrière ce tube est une coulisse destinée à recevoir les verres sur lesquels sont peints les sujets et qui doivent se trouver entre le foyer lumineux et les lentilles. Ces sujets doivent être d'une très petite dimension.

Lorsqu'on veut donner une représentation, on place l'appareil sur une table bien calée, en face d'un mur blanc où, devant lequel, on a tendu un drap. Toutes les lumières sont éteintes, sauf celle qui doit éclairer la lanterne, et l'on a soin de ne pas glisser les sujets à l'envers. Plus le mur est éloigné, plus les images sont grandes, mais c'est quelquefois aux dépens de leur netteté ; il faut donc choisir une distance moyenne. Ce que l'on apprendra très facilement par la pratique.

PARACHUTE

Rien de plus facile que de fabriquer ce jouet inoffensif. Il est formé d'un grand papier de soie, un peu résistant, coupé en rond, plié comme les feuilles d'une éventail et auquel sont attachés, de distance en distance, de longs brins de fil, qui se réunissent en un nœud que l'on tient à la main. On lance en l'air ce parachute plié en le retenant par les brins de fil ; il se développe et retombe lentement en prenant la forme d'une ombrelle.

OMBRES CHINOISES

Pour établir ce petit théâtre, on choisit l'embrasure d'une porte séparant des chambres. Les spectateurs sont dans l'une qui reste sombre, l'opérateur dans celle qui est éclairée. Le théâtre, qu'on place entre les deux montants de la porte, consiste en un cadre de $2^m,25$ de haut sur $1^m,20$ de large. Dans ce cadre, on a pratiqué deux rainures de 0,70 cent. de long environ ; le bas du cadre doit être à $1^m,75$ du sol et supporté par des tasseaux cloués à la porte. Il faut se munir aussi de plusieurs cadres de $1^m,30$ de large sur $0^m,70$ de haut que l'on recouvrira de gaze blanche. Sur cette gaze sont peints des sujets en rapport avec les scènes qu'on veut faire jouer aux personnages et qui jouent le rôle de décors. Quant aux personnages, ce sont des silhouettes de carton mince dont les articulations sont rendues mobiles à l'aide de petits fils de laiton. Pour faire manœuvrer ces figures, on perce un trou dans la tête, un à chaque main et à chaque pied, et l'on y passe des fils qui se rejoignent en haut. Il faut autant de fils attachés qu'il y a de membres agissants. Le théâtre est éclairé par des lampes à réflecteur, placées à environ $1^m,50$ des châssis. C'est donc entre les lumières et les châssis que l'opérateur, caché aux yeux des spectateurs, fait agir et mouvoir les figures, dont l'ombre vient se projeter sur la gaze transparente. Tout le talent consiste à savoir mettre de l'ensemble dans les mouvements des figures découpées en silhouettes et à ce que ces mouvements soient en rapport avec le langage qu'on leur prête.

MOYEN DE DÉTRUIRE LES HANNETONS

Tout le monde sait les ravages qu'exerce cet insecte sous sa double forme de larve (ver blanc) et d'insecte parfait. Voici un moyen simple et logique de s'en débarasser.

Au crépuscule, on place, au milieu de son verger ou potager, un vieux tonneau défoncé dont les douves inférieures sont enduites de goudron liquide. Au fond de ce tonneau, on place une veilleuse allumée, dont la flamme soit protégée par un verre.

Les insectes, attirés par la lumière, se précipitent sur la veilleuse. En volant autour, il frappent contre les parois du tonneau, se couvrent de goudron, et tombent inertes au fond du tonneau.

On peut en détruire ainsi plusieurs milliers par jour.

MOYENS D'ACCÉLERER LA GERMINATION DES PLANTES

Ce moyen est fort simple puisqu'il permet d'accélérer la germination, même sans couches.

On se procure des *terrines* à semis, et non des pots, on remplit la terrine de terre très légère, mélangée de terreau de couche, puis on sème très clair.

Aussitôt après le semis, on recouvre la terrine avec un morceau de verre, puis on place le tout sous un châssis ou même sous une cloche. On arrose légèrement pour entretenir l'humidité, et huit jours après les graines sont germées.

La levée est très prompte par ce procédé; aussitôt que les plantes ont quatre feuilles, on les repique en pépinière, sur couche, sous châssis ou sous cloche, suivant la température.

PROCÉDÉ POUR FAIRE GROSSIR LES ARBRES FRUITIERS

On prétend que lorsqu'un arbre, tel que cerisier, prunier ou autre, a atteint la grosseur d'un pouce, il suffit de fendre l'écorce de l'arbre un peu au-dessous de la greffe jusqu'au pied; la sève en découle d'abord abondamment; mais il se reforme une pellicule qui recouvre cette ouverture. On peut faire plusieurs incisions sur le même arbre; cependant il ne faut pas les faire du côté du midi, parce que le grand soleil dessécherait trop la partie ouverte.

D'autre part, le même moyen est employé avec succès sur les arbres fruitiers qui, jouissant d'une trop belle végétation, poussent tout en feuilles et ne peuvent arriver à nouer leurs fruits. La surabondance de sève, sa circulation trop énergique nuisent à la fructification.

MOYEN DE FAIRE CROITRE LES JEUNES ARBRES

Les jardiniers soigneux ont l'habitude d'enlever les mousses ou lichens qui s'attachent au x arbres fruitiers, en les frottant avec un morceau de gros drap. Cet usage, que l'on suit généralement en Touraine, est une des causes de la qualité et de la beauté des fruits qu'on récolte dans cette province.

Ces parasites vivent, en effet, aux dépens de la sève et sont un des obstacles qui s'opposent au développement de l'arbre. Deux fois l'an, on renouvelle cette opération et les frais qu'elle exige sont compensés, et au delà, par les avantages qui résultent de cette pratique.

MOYEN DE FAIRE FLEURIR LA GLYCINE TOUT L'ÉTÉ

Ce moyen est emprunté à l'excellent professeur Gressent.

Lorsque la glycine couvre l'espace qui lui est assigné et a fourni toute sa charpente, il suffit de pincer tous les bourgeons qui apparaissent pour obtenir des fleurs quelques jours après.

Aussitôt poussé, pincer le bourgeon sur six ou sept feuilles et la grappe apparaît bientôt.

BAROMÈTRE DES JARDINS

Ce baromètre n'est autre qu'une toile d'araignée. Lorsqu'il doit faire de la pluie ou du vent, l'araignée raccourcit beaucoup les derniers fils auxquels sa toile est suspendue, et la laisse en cet état tant que le temps reste variable. Si l'insecte allonge ses fils, c'est signe de temps beau et calme, et l'on peut juger de sa durée d'après le degré de longueur de ces mêmes fils. Si l'araignée reste inerte, c'est signe de pluie. Si, au contraire, elle se remet au travail pendant la pluie, c'est que celle-ci sera de peu de durée et suivie du beau temps fixe. D'autres observations ont appris que l'araignée fait des changements à sa toile toutes les vingt-quatre heures, et que si ces changements se font le soir, un peu avant le coucher du soleil, la nuit sera belle et claire.

UNE LOUPE INSTANTANÉE

L'observateur qui se plaît à étudier la nature dans ses plus petits détails, peut, à défaut de sa loupe de verre, s'en procurer une à peu de frais : il ne s'agit que de déposer une goutte d'eau sur un petit trou fait dans une lame mince de laiton ou de plomb : cette goutte d'eau, formant globule par la pression atmosphérique, prend une forme convexe et rendant les rayons convergents, grossit les objets comme une véritable lentille.

ENTRETIEN DES MEUBLES ANCIENS

Rien d'affreux comme le miroitement d'un bahut sculpté recouvert de vernis. L'éclat de la cire n'est pas non plus exempt de reproche, d'abord parce qu'il s'altère aisément. Pour brunir et lustrer le bois d'une façon durable et lui donner, pour ainsi dire, la patine du temps, la composition suivante est recommandée.

Faire bouillir doucement, pendant un quart

d'heure, un litre d'huile de lin tirée à froid, et dans lequel on a mis 32 grammes d'alun, soit une once en poids anciens. Mettre en bouteille et s'en servir, lorsqu'il en sera besoin, par couches légères étendues avec un morceau de flanelle. Le bois ne doit avoir été ni ciré ni verni, ou il doit être débarassé de sa cire ou de son vernis.

MOYEN DE RAFRAICHIR LES VIEILLES PEINTURES

Notons qu'il ne s'agit ici que de la peinture des boiseries et non de tableaux.

Prenez de l'eau de chaux. Appliquez avec un pinceau cette eau sur la peinture ; quand elle aura été lavée ainsi légèrement jusqu'à trois fois, elle reprendra sa vivacité première.

PEINTURE ECONOMIQUE

Un voyageur rapporte que lorsque les habitants des îles Pelew, dans le grand Océan, veulent donner des couches de peinture à un objet quelconque, ils réduisent leurs couleurs en poudre impalpable en les porphyrisant; les jettent dans l'eau qu'ils font bouillir à gros bouillons ; écument avec soin la crasse qui monte à la surface ; convertissent ainsi ce mélange en une pâte liquide qu'ils appliquent toute chaude sur le bois où ils la laissent bien sécher. Le lendemain, ils frottent cet enduit avec de l'huile de coco, que l'on peut remplacer par l'huile de noix, excellente pour cet usage, en appliquent plusieurs couches et la frottent longtemps et souvent avec une filasse grossière. Il donnent ainsi à leur peinture un poli parfait et une solidité telle que l'eau de mer ne peut altérer les bordages des canots qui en sont revêtus.

RECETTE DU VERNIS JAPONAIS

Je tiens cette recette d'un membre de la commission japonaise à l'exposition de 1878. Elle est fort précieuse.

On prend un morceau de toile de boehmeria [1]

1. Le *bœhmeria niver* est une plante vivace de la famille des *urticacées*, connue au Japon sous le nom de *kara mushi* et dont la fibre sert à faire une excellente toile.

que l'on coupe suivant les dimensions de l'objet que l'on doit recouvrir, en ayant soin de l'appliquer de façon à ce qu'il n'y ait aucun pli, puis, pour la coller et la maintenir en cet état, on la recouvre d'une couche de seshime urushi [1]. On passe ensuite une couche de siriko sabi par dessus [2], afin d'effacer toute trace de tissu. Cette couche, une fois séchée, on la polit avec une pierre à aiguiser appelée tsushimada. Cela fait, on passe une couche de tonoko sabi (pierre à aiguiser plus fine mêlée avec du seshime urushi) que l'on polit à son tour de la même manière. On passe ensuite une couche d'encre de Chine et, avec une spatule, on applique une couche de yoshino urushi que l'on essuie au moyen d'une brosse. Après avoir fait sécher, on polit, à plusieurs reprises, cette nouvelle couche avec de l'eau et du charbon de bois nommé kashivo shrim, comme en botannique sous le nom de *andromeda ovalifolia*. Cette opération se fait en prenant un peu de poudre de charbon avec les doigts et en polissant à la main. On recouvre ensuite le tout d'une couche de vernis ordinaire que l'on a soin d'essuyer sur-le-champ. Cela une fois sec, on applique une couche de roïro

---

1. Le *seshime urushi* est un vernis composé avec la sève du *rhus vernicifera* simplement exposée au soleil dans une cuvette de bois et remuée, afin de la débarrasser de son excédant d'eau, enfin tamisé.

2. Composé de pierre à aiguiser pulvérisée et d'une petite quantité de *seshime urushi*.

urushi[1] que l'on fait également sécher ; on la polit ensuite à la main, à plusieurs reprises, avec du charbon de bois, puis avec de la corne de cerf finement pulvérisée.

Le laque obtenue par ce procédé est de première qualité. Les quelques personnes qu'intéresseront cette recette, secret arraché à l'esprit jaloux de l'Extrême-Orient, trouveront les matières premières par l'entremise de nos commissionnaires avec le Japon.

PROCÉDÉS MELLIÉS POUR RECONNAITRE LA FALSIFICATION DES VINS

Le fabricant ou le débitant qui falsifie son vin est non seulement un voleur, mais un empoisonneur. Il est plus coupable que le pick-pocket et que le vulgaire meurtrier, car il agit avec préméditation et récidive. Pourtant la loi l'atteint à peine et il paie en souriant les légères amendes qui l'at-

---

1. Qualité supérieure de *kurome urushi*, mélangé de kurome urushi, de sulfate de fer et de toshiru ou eau trouble, provenant de l'aiguisement des couteaux. On l'emploie sans être délayé avec de l'huile.

teignent. En attendant qu'une bonne loi envoie au bagne ces misérables, donnons le moyen de reconnaître la falsification des vins à l'aide de matières colorantes.

Dans un tube de verre fermé par un bout, et d'environ vingt centimètres cubes de capacité, on verse cinq ou six centimètres cubes de vin à essayer, on ajoute ensuite de l'éther jusqu'aux trois quarts du tube et on agite. Après quelques instants de repos, l'éther remonte à la surface du vin coloré ou non.

Si l'éther est coloré en jaune et si quelques gouttes d'ammoniaque lui donnent une teinte d'un rouge violacé, le vin est additionné de campêche.

Si l'éther remonte coloré en rouge, passant au violet avec addition d'ammoniaque, et gardant cette coloration, même quand l'ammoniaque ajouté se trouve en grand excès, le vin contient de l'orseille.

Si l'éther, coloré en rouge, cède sa couleur rouge à l'ammoniaque sans passage au violet, le vin renferme de l'œnoline.

Si l'éther rouge se décolore par l'ammoniaque sans que ce dernier liquide se colore lui-même, le vin a été additionné de fuchsine.

Enfin, si l'éther remonte incolore, on reprend une nouvelle portion du vin à essayer ; on l'additionne de deux fois son volume d'eau et d'un demi-volume d'ammoniaque. Si le vin prend alors une teinte brun violacé, il contient de la cochenille. S'il se colore en vert c'est qu'il ne contient aucune des substances sus-mentionnés.

FIN

TABLE DES MATIÈRES

PAR ORDRE ALPHABÉTIQUE

———

Toilette et parfumerie 91

B

C

E

Économie domestique 129

A

B

C

Friandise et confiserie. 215

A

B

C

F

TABLE
ANALYTIQUE ET ALPHABÉTIQUE
DES MATIÈRES
Relatives à l'hygiène et à la santé.

A

B

C

Pages.

R

S

T

V

Y

BIBLIOTHÈQUE CHOISIE

NE CONTENANT QUE DES OUVRAGES IRRÉPROCHABLES

POUVANT ÊTRE MIS DANS TOUTES LES MAINS

A

AIMARD (Gustave)

fr. c.

Les Bandits de l'Arizona. 1 vol. in-12 . . . . 3 »

ALAIN DE LA ROCHE

Le Page de la duchesse Anne. 1 vol. in-12 . . . . . 2 »

ANROSAY (Paul d')

Les Montrépan. 1 vol. in-12 .. . . 3 »

ARMOISES (Olivier des)

Les Deux Brigitte. 1 vol. in-12 . . . . 2 »
Benoite. 1 vol. in-12 . . . . 2 »
La Fiancée du meurtrier. 1 vol. in-12 . . . . 2 »
La Libre pensée. 1 broch. in-8 . . . . » 60
Le Divorce. 1 broch. in-8 . . . . » 60
Le Prêtre. 1 broch. in-8 . . . . » 60

ARVOR (Camille d')

L'Héritière. 1 vol. in-12 . . . . 2 »

ARVOR (Gabrielle d')

Dent pour dent. 1 vol. in-12 . . . . 2 »
De chute en chute. 1 vol. in-12 . . . . 2 »

AUDEVAL (Hippolyte)

Le Drame des Champs-Elysées. 1 vol. in-12 . . . . . 2 »
La Dame guerrière. 1 vol. in-12 . . . . 2 »
La Grande Ville. 1 vol. in-12 . . . . 3 »

AURGEL (G. d')

Roger de Perny. 1 vol. in-12 . . . . 2 »
Une sœur aînée. 1 vol. in-12 . . . . 3 »

B

BALLACEY (Henri)

L'Antre des Mystères. 1 vol. in-12 . . . . 2 »
Raphaëla (suite de l'Antre des Mystères). 1 vol. in-12 . . 2 »

BALLEYDIER (ALPHONSE)

fr. c.

Veillées de famille. 1 vol. in-12.	2 »
Veillées de vacances. 1 vol. in-12.	2 »
Veillées du peuple. 1 vol. in-12.	2 »
Veillées du presbytère. 1 vol. in-12.	2 »
Veillées maritimes. 1 vol. in-12.	2 »
Veillées militaires. 1 vol. in-12..	2 »

BARRY (Dr A.)

La Fiancée du capitaine Merle. 1 vol. in-12.	2 »

BARTHÉLEMY (A. DE)

Jacques de Morangeais. 1 vol. in-12.	2 50
L'Affiquet de la marquise. 1 vol. in-12.	2 50
Le Double Louis d'or. 1 vol. in-12.	2 »

BARTHÉLEMY (CHARLES)

Voltaire et Rousseau jugés l'un par l'autre. 1 vol. in-12.	2 »
Erreurs et mensonges historiques. 16 vol. in-12. (Voir le détail pages 22 et 23) .	32 »
Chaque volume se vend séparément	2 »
La guerre de 1870-1871. 1 vol. in-12.	3 »
Le Consulat et l'Empire. 1 vol. in-12	3 »

BAUCHET (GASTON)

Jean-Bleu. 1 vol. in-12.	3 »

BEAUREGARD (ABBÉ BARTHÉLEMY DE)

Greffes morales sur La Fontaine. 1 vol. in-18	» 60
La Comédie universelle. 3 vol. in-8.	9 »

BEAUREPAIRE DE LOUVAGNY (Mme LA Csse D. DE)

Le Secret de la Folle. 1 vol. in-12	2 »

BESANCENET (A. DE)

Dona Gracia. 1 vol. in-12.	3 »

BEUGNY-D'HAGERUE (G. DE)

Lucy. 1 vol. in-12.	3 »
Touriste et Pèlerin. 1 vol. in-12	1 50
Mademoiselle de la Rochegauthier. 1 vol. in-12.	2 »
Yvonne de Montigneul. 1 vol. in-12.	2 »
Claude Burget. 1 vol. in-12	2 »
Pauvre Lady. 1 vol. in-12.	3 »

BOÜARD (Mme LA BARONNE DE)

Anne de Kerlaudy. 1 vol. in-12	2 »
Andréa. 1 vol. in-12.	2 »

BOUILLY (J.-N.)

fr. c.

Contes à ma fille. 1 vol. in-12 . . . . 2 »

BOUROTTE (Mélanie)

Tout du long. 1 vol. in-12. . . . . 2 »

BOURZEIS (Honoré de)

L'Orpheline des Ardoisières. 2 vol. in-12 . . . . . 6 »

BUET (Charles)

Le Crime de Maltaverne. 1 vol. in-12	3	»
Les Rois du Pays d'or. 1 vol. in-12.	3	»
Les Chevaliers de la Croix-Blanche. 1 vol in-12. . .	3	»
L'Honneur du nom. 1 vol. in-12.	3	»
Philippe Monsieur. 1 vol. in-12.	3	»
Le Maréchal de Montmayeur. 1 vol. in-12.	3	»
Hauteluce et Blanchelaine. 1 vol. in-12	3	»
François le Balafré. 1 vol. in-12	3	»
La Dame Noire de Myans. 1 vol. in-12.	2	»

BUSSEROLLE (Louis de)

Les Deux vallées. 1 vol. in-12. . . . . 2 »

C

CABALLERO (Fernan)

La Mouette. 2 vol. in-12. . . . . 4 »

CANTEL

Le Roi Polycarpe. 1 vol. in-12. . . . . 3 »

CARPENTIER (Em.)

Les Jumeaux de Lusignan. 1 vol. in-12.	2	»
Mémoires de Barbe-Bleue. 1 vol. in-12.	2	»
Les Vaillants cœurs. 1 vol. in-12.	2	»

CASSAN (Mme Marie)

Les Jeudis de Germaine et de Marinette. 1 vol. in-12. .	2	»
Comment on devient millionnaire. 1 vol. in-12. . .	3	»
Jacques Raulland. 1 vol. in-12.	2	»

CAUVIN (Jules)

Les Proscrits de 93. 1 vol. in-12 . . . . 3 »

CESENA (Amédée de)

La Maison de France. 1 broch. in-18, avec photographie
du Comte de Paris . . . . » 30

CHANDENEUX (Claire de)

	fr. c.
Les Ronces du chemin. 1 vol. in-12.	2 »
Les Terreurs de lady Suzanne. 1 vol. in-12.	3 »
Val-Regis la Grande. 1 vol. in-12.	3 »
Vaisseaux brûlés. 1 vol. in-12.	3 »
Cléricale. 1 vol. in-12.	3 »
La Vengeance de Geneviève (suite de Cléricale). 1 v. in-12.	3 »
Sans cœur. 1 vol. in-12.	3 »

CHATEAUBRIAND

Études historiques, suivies du Voyage en Amérique. 1 vol. in-12.	2 »
Le Génie du Christianisme, édition revue. 1 vol. in-12.	2 »
Itinéraire de Paris à Jérusalem, édition revue. 1 vol. in-12.	2 »
Les Martyrs, édition revue. 1 vol. in-12.	2 »

CHAUVIERRE (Patrice)

Oronoko, 1 vol. in-12.	2 »

CHAUVIGNÉ (A. de)

Recueil dramatique pour jeunes gens. 1 vol. in-12.	3 50
Théâtre de jeunes filles. 1 vol. in-12.	3 50

CHEVÉ

Histoire complète de la Pologne. 2 vol. in-12.	4 »

COMBES (Abel)

Le Secret du Boomerang. 1 vol. in-12.	2 »
Les Colons de la Fresh. 1 vol. in-12.	3 »

COOPER (Fenimore)

ÉDITION CORRIGÉE

Le Cratère ou le Robinson américain. 1 vol. in-12.	2 »
Le Corsaire Rouge. 1 vol. in-12.	2 »
Le Dernier des Mohicans. 1 vol. in-12.	2 »
L'Écumeur de mer. 1 vol. in-12.	2 »
Le Lac Ontario. 1 vol. in-12.	2 »
Les Pionniers. 1 vol. in-12.	2 »
La Prairie. 1 vol. in-12.	2 »
Le Tueur de daims. 1 vol. in-12.	2 »

CORDIER (Alphonse)

A travers la France, l'Italie, la Suisse et l'Espagne. 1 vol. in-12.	2 »
Aventures d'une mouche. 1 vol. in-12.	2 »
Madame Elisabeth de France, ses vertus, son martyre. 1 vol. in-12.	2 »

BIBLIOTHÈQUE NATIONALE DE FRANCE
3 7531 04126103 4